a b c d e f g h i j k l m n o p q r s t u v x z
a b c d e f g h i j k l m n o p q r s t u v x z
a b c d e f g h i j k l m n o p q r s t u v x z
a b c d e f g h i j k l m n o p q r s t u v x z
a b c d e f g h i j k l m n o p q r s t u v x z
a b c d e f g h i j k l m n o p q r s t u v x z
a b c d e f g h i j k l m n o p q r s t u v x z
a b c d e f g h i j k l m n o p q r s t u v x z
a b c d e f g h i j k l m n o p q r s t u v x z
a b c d e f g h i j k l m n o p q r s t u v x z
a b c d e f g h i j k l m n o p q r s t u v x z
a b c d e f g h i j k l m n o p q r s t u v x z
a b c d e f g h i j k l m n o p q r s t u v x z
a b c d e f g h i j k l m n o p q r s t u v x z
a b c d e f g h i j k l m n o p q r s t u v x z
a b c d e f g h i j k l m n o p q r s t u v x z
a b c d e f g h i j k l m n o p q r s t u v x z
a b c d e f g h i j k l m n o p q r s t u v x z
a b c d e f g h i j k l m n o p q r s t u v x z
a b c d e f g h i j k l m n o p q r s t u v x z
a b c d e f g h i j k l m n o p q r s t u v x z
a b c d e f g h i j k l m n o p q r s t u v x z
a b c d e f g h i j k l m n o p q r s t u v x z
a b c d e f g h i j k l m n o p q r s t u v x z
a b c d e f g h i j k l m n o p q r s t u v x z
a b c d e f g h i j k l m n o p q r s t u v x z
a b c d e f g h i j k l m n o p

Fundamentos de didática

a b c d e f g h i j k l m n o p q r s t u v x z

Alessandro de Melo
Sandra Terezinha Urbanetz

EDITORA
intersaberes

Lindsay Azambuja, editor-chefe

Ariadne Nunes Wenger, editor-assistente

Raphael Bernadelli, projeto gráfico

Luciane Pontoni, análise de informação

Monique Gonçalves, revisão de texto

Denis Kaio Tanaami, capa

Katiane Cabral, diagramação

Danielle Scholtz, iconografia

Conselho editorial

Dr. Ivo José Both (presidente)

Dr.ª Elena Godoy

Dr. Nelson Luís Dias

Dr. Ulf G. Baranow

EDITORA
intersaberes

Av. Vicente Machado, 317 – 14º andar
Centro – 80420-010
Curitiba – PR – Brasil
Fone: (41) 2103-7306
www.editoraintersaberes.com.br
editora@editoraintersaberes.com.br

1ª edição, 2012.
Foi feito o depósito legal.

Dados Internacionais de Catalogação na Publicação (CIP)
(Câmara Brasileira do Livro, SP, Brasil)

Melo, Alessandro de
 Fundamentos de didática / Alessandro de Melo, Sandra Terezinha Urbanetz. – 1. ed. – Curitiba: InterSaberes, 2012.

 Bibliografia.
 ISBN 978-85-8212-295-2

 1. Didática 2. Professores – Formação I. Urbanetz, Sandra Terezinha. II. Título.

12-08946   CDD-370

Índice para catálogo sistemático:
1. Didática: Professores: Formação: Educação 370

Informamos que é de inteira responsabilidade dos autores a emissão de conceitos.

Nenhuma parte desta publicação poderá ser reproduzida por qualquer meio ou forma sem a prévia autorização da Editora InterSaberes.

A violação dos direitos autorais é crime estabelecido na Lei nº 9.610/1998 e punido pelo art. 184 do Código Penal.

Apresentação

na educação superior, a didática se coloca como um fundamento, visto que o trabalho docente, além da exigência de atualização constante, impõe ao profissional da educação a capacidade de identificar os condicionantes histórico-sociais de seu trabalho.

A atividade docente apresenta aspectos comuns a todos os profissionais, tais como a necessidade de planejamento de atividades, o entendimento do contexto do aluno, as práticas avaliativas etc., que conferem identidade à profissão e ao processo de profissionalização e exigem do professor o domínio pleno das dimensões do ensino e da aprendizagem.

Assim, a discussão sobre os fundamentos da didática articula-se aos cursos de formação de professores, pois novos e importantes desafios se colocam ao educador do ensino superior, sendo que, inicialmente, cabe-lhe deter o domínio dos conhecimentos específicos da área do conhecimento das disciplinas que ministra e/ou pretende ministrar. Mas, além desse domínio, é essencial que desenvolva habilidades didáticas para gerir com criatividade e autonomia o processo de ensino-aprendizagem dos estudantes que lhe forem confiados.

Dessa forma, esta obra organiza-se a partir das temáticas que permeiam a didática e a formação de professores dentro de uma contextualização histórica que entende as múltiplas facetas desse processo.

Sumário

Introdução, página ix

Capítulo primeiro
A didática e seus fundamentos   página 15

Capítulo segundo
Os elementos constitutivos da ação didática   página 73

Capítulo terceiro
A relação ensino-aprendizagem   página 105

Capítulo quarto
A didática e a formação do professor   página 135

Considerações finais, página 161

Glossário, página 169

Bibliografia comentada, página 171

Referências gerais, página 173

Gabarito, página 183

Sobre os autores, página 185

Introdução

Para iniciar esta conversa a respeito da didática, é importante destacar a falta de consenso sobre a sistematização de um conceito claro e objetivo sobre sua definição. Sendo assim, nesta obra adotamos o conceito de didática que foi formulado no Brasil a partir de 1980, quando se passou a criticar as chamadas *didática tradicional, tecnicista* e *escolanovista*.

Em linhas gerais, esse movimento defendia uma didática aliada ao compromisso de uma educação de classes, voltada para a transformação social; portanto, defendia-se uma didática não somente como meio e técnica de ensino, mas sim que passasse a se comprometer com a qualidade do ensino para toda a população.

Localizando a didática como prática social, ou seja, como mediadora entre a educação, o ensino e as demandas da sociedade, o movimento da didática em questão parte de uma concepção crítica de sociedade, baseada no materialismo histórico de Marx e Engels. Nesse sentido, a educação na sociedade capitalista é vista como um fator no seio das contradições sociais e, logo, é também contraditória, podendo, ao mesmo tempo, ser um campo para a reprodução das relações sociais ou um campo de sua transformação, com vista a alcançar uma sociedade mais justa.

Baseando-se nos princípios aqui expostos, a didática, neste livro, será trabalhada levando-se em conta sua imersão no campo maior da educação escolar na sociedade capitalista e, como tal, sendo por ela determinante e determinada. Nessa concepção, portanto, a didática não é concebida como um conjunto neutro de técnicas de bem ensinar tudo a todos, como no ideal de Comenius, que estudaremos na oportunidade de traçar a história da didática.

Não existe a possibilidade de se pensar em neutralidade no campo da educação na sociedade capitalista (e talvez em qualquer outra formação social), haja vista o caráter ideológico ao qual a educação, assim como todas as relações sociais, é submetida no âmbito desta sociedade. Como disse Marx, em uma de suas mais célebres passagens de *A ideologia alemã*, "as ideias dominantes numa determinada sociedade são as ideias da classe dominante" (Marx; Engels, 2005) e, sendo assim, não podemos deixar de levar em conta que as ideias educacionais numa determinada sociedade, no caso a brasileira no início do século XXI, são também influenciadas pelas ideias das classes dominantes. Um exemplo dessas ideias é a demanda da produção pela formação de trabalhadores flexíveis e polivalentes desde a educação básica, como expressa documento da Confederação Nacional da Indústria (2007). A escola, dessa forma, vincula-se aos interesses da classe dominante, que, por sua vez, passa a determinar a forma como a escola deve trabalhar e o perfil dos educandos a serem colocados no mercado de trabalho.

Resulta do exposto que a didática não pode ser entendida como um elemento do processo educativo alheio às determinações sociais, pois o modo como se ensina, a ênfase que se dá a cada período histórico, por exemplo, ao aluno ou ao professor, ao conteúdo ou à forma, ao aprendizado ou ao ensino etc. são elementos mediadores no processo de manutenção, ou não, da dominação de classe através da hegemonia.

Outra relação que não podemos perder de vista quando o assunto é didática é que ela não pode ser desvinculada dos conteúdos de ensino, ou seja, o modo como se ensina não prescinde de modo algum do "que se ensina". Assim, as discussões em torno da didática, que serão aprofundadas nos capítulos que compõem esta obra, ligam-se necessariamente ao currículo, cujo conteúdo expressa a síntese das lutas travadas na sociedade pela direção do processo educativo, ou seja, da disputa entre projetos de formação humana e social que se pretende por meio da educação escolar.

Ao longo desta obra, procuraremos subsidiar o leitor para que reflita com qualidade sobre a ação docente e suas determinações estruturais, advindas da sociedade e que impactam diretamente na sala de aula. Ao mesmo tempo, as discussões aqui levantadas são interessantes para o domínio dos conteúdos especificamente pedagógicos relativos à didática.

Com uma abordagem dialética da didática, o leitor poderá encontrar neste livro as referências para sua formação e subsídios para sua ação docente, podendo compreender o papel da didática e da educação em geral na sociedade.

Os conteúdos são divididos em quatro capítulos. No primeiro, desenvolveremos discussões sobre os fundamentos da didática, procurando situar essa área no campo educacional em geral e mostrar a sua vinculação com a sociedade. No segundo capítulo, entramos na ação especificamente didática e listamos seus elementos constitutivos, ou seja, o planejamento, a avaliação, a discussão sobre conteúdo e métodos e a relação professor-aluno.

No terceiro capítulo, trataremos da relação fundamental da didática, qual seja, a relação ensino-aprendizagem, campo em que aquela encontra sua especificidade. É interessante notar que é justamente essa relação que, para ser melhor compreendida, necessita dos subsídios teórico-práticos dos fundamentos e dos conteúdos da didáticas, expostos nos dois primeiros capítulos.

Para finalizar o livro, discutimos a importância da didática para a formação de professores, colocando-a como mediada pelas determinações sociais contemporâneas, especialmente as determinações do mundo do trabalho.

Esperamos que esta obra seja valiosa para a formação de futuros educadores comprometidos com um projeto educacional que vise a uma formação verdadeiramente humanizadora dos educandos e aponte para transformações sociais importantes na atual estrutura social, marcada pela desigualdade e injustiça.

Para a educação e para os educadores resta a tomada de posição diante dessa situação: ou se pratica uma educação voltada para a barbárie, ou se pratica uma educação voltada para a libertação. A opção aqui adotada é por esta última via, e é para esse projeto que esperamos que trabalhe este livro.

a b c defghijklmnopqrstuvxz

a b c ***d e f*** *g h i j k l m n o p q r s t u v x z*

Capítulo primeiro
A didática e seus fundamentos

*N*este capítulo, conceituaremos a didática como o primeiro passo no sentido de compreender a constituição histórica e social dessa área do conhecimento humano vinculada à educação.

Talvez um dos conceitos mais conhecidos de didática seja que, advinda da expressão grega Τεχνή διδακτική (*techné didaktiké*), significa *arte* ou *técnica de ensinar* (Castro, 1991). Mediante essa aparente simples concepção, percebemos a complexidade do campo didático, pois no ato de ensinar se encontram sintetizados os elementos e os sujeitos componentes de todo o processo educativo: professores, alunos, conteúdos, métodos, objetivos educacionais, projeto político, projeto de homem a ser formado pela educação, demandas externas para o processo educativo, formação profissional para a atuação em sala de aula, condições materiais do professor, condições físicas da escola, realidade material dos estudantes, com os quais convive o professor e a quem se destina o ensino, a necessária relação do ensino com a aprendizagem do aluno, o que, além dos elementos acima, implica o entendimento do funcionamento dos mecanismos de aprendizagem, no sentido que lhe dá a psicologia da educação etc.

Após essa introdução ao conceito de didática no seu sentido mais amplo, ou seja, para além das paredes da sala de aula ou mesmo nela, entendendo-a como uma síntese das relações macrossociais apontadas, passamos a uma definição em que a didática é vista como o ensino materializado na aula, de acordo com o entendimento de Oliveira (1993, p. 29):

> [...] a Didática focaliza sua atenção sobre a aula, mas entende-a como uma manifestação do ensino ou do trabalho didático, procurando captar o que ela revela e o que encobre à luz da totalidade maior do fenômeno educativo definido como uma prática social numa sociedade de classes.

Em termos de método, percebemos que a autora trabalha dialeticamente, ou seja, consegue perceber a aula como uma síntese da totalidade social, na qual se insere o fenômeno educativo na sociedade capitalista. A autora aponta, também, a aula como manifestação, e não como a essência em si do processo educativo, o que pressupõe a necessidade de se capturar essa essência, no que ela mesma indica o caminho, ou seja, a análise da sociedade de classes.

Oliveira (1993, p. 30) ainda continua sua análise dos fundamentos da didática traçando as suas diversas determinações, o que ela denomina *totalidades menores*, ou seja, as dimensões histórica, antropológica, ideológica e epistemológica. Cada uma dessas dimensões traz consigo as discussões de conteúdos da didática e dos elementos do ensino, como seus objetivos, os conteúdos, o planejamento, a avaliação etc.

A didática também é entendida como atividade mediadora, entre a teoria educacional e a prática educativa; a sala de aula à totalidade social; o conteúdo e a forma da educação, o professor ao aluno etc. Assim se manifesta Ghiraldelli Júnior (1987, p. 9):

A didática, a meu ver, é mediadora entre o polo teórico (pedagogia) e o polo prático (educação) da atividade educativa. O como ensinar, o que ensinar e quando ensinar e o para quem ensinar, quando ligados à pedagogia, estão impregnados dos pressupostos e diretrizes de uma determinada concepção de mundo que, por sua vez, nutre tal pedagogia.

O entendimento da didática relaciona-se ao fato de se entender a educação em geral e a didática em particular como uma prática social, determinada histórica e socialmente (Libâneo, 1994). Sendo assim, pressupomos a didática como instrumento potencializador da transformação social, condição advinda da sua especificidade, conforme aponta a seguir Candau, citado por Oliveira (1993, p. 104):

> *Trata-se de conhecimento de mediação, sendo, portanto, importante que se baseie nas diferentes disciplinas da área de fundamentos; sua especificidade é garantida pela preocupação com a compreensão do processo ensino-aprendizagem e a busca de formas de intervenção na prática pedagógica. A didática tem por objeto o 'como fazer', a prática pedagógica, mas este só tem sentido quando articulado ao 'para que fazer' e ao 'por que fazer'.*

Ao tratar da prática pedagógica do professor, a didática abarca tanto o aspecto técnico da sua atuação profissional quanto o aspecto político advindo dessa atuação técnica, ou seja, o conjunto das ações de "como fazer" articulado ao "por que", "para que" e "para quem" fazer. Portanto, a didática apresenta-se, também, como mediadora entre o técnico e o político na educação, desde que não se entenda por isso a separação entre esses dois aspectos, que são fundidos na mesma ação pedagógica. O político perpassa pelo técnico e o técnico é eminentemente político. Essa discussão remete ao clássico texto de Saviani, *Onze teses sobre educação e política*, no qual o autor trabalha a relação entre as dimensões políticas e a prática educativa. Uma dimensão somente existe pela manifestação, ou ocultamento, da outra. As suas teses são apresentadas a seguir:

1ª Tese: Não existe identidade entre educação e política;

2ª Tese: Toda prática educativa contém inevitavelmente uma dimensão política;

3ª Tese: Toda prática política contém, por sua vez, inevitavelmente, uma dimensão educativa;

4ª Tese: A explicitação da dimensão política da prática educativa está condicionada à explicitação da especificidade da prática educativa;

5ª Tese: A explicitação da dimensão educativa da prática política está condicionada, por sua vez, à explicitação da especificidade da prática política;

6ª Tese: A especificidade da prática educativa define-se pelo caráter de uma relação que se trava entre contrários não antagônicos;

7ª Tese: A especificidade da prática política define-se pelo caráter de uma relação que se trava entre contrários antagônicos;

8ª Tese: As relações entre educação e política dão-se na forma de autonomia relativa e dependência recíproca;

9ª Tese: As sociedades de classes caracterizam-se pelo primado da política, o que determina a subordinação real da educação à política;

10ª Tese: Superada a sociedade de classes, cessa o primado da política e, em consequência, a subordinação da educação;

11ª Tese: A função política da educação cumpre-se na medida em que ela se realiza como prática especificamente pedagógica. (Saviani, 1984, p. 91-100)

O significado da décima primeira tese é que o professor cumpre seu papel político na medida em que possui competência técnica pedagógica, ou seja, é no ato de educar, na sala de aula mesmo, que o professor demonstra, a partir do domínio do seu saber, ou não saber, o seu papel político, com vistas a um projeto de educação libertadora ou reprodutora. Essa ideia foi difundida por outros autores, como Mello, que reflete exatamente a respeito das dimensões técnica e política do professor e da relação da escola com as determinantes sociais advindas da sociedade de classes.

Eu tomaria a escola como uma das mediações pela qual se efetua o conflito entre as classes sociais, uma interessada na reprodução da estrutura de classes tal qual é, outra cujos interesses objetivos exigem a negação da estrutura de classes e a supressão da dominação econômica. (Mello, 1982, p. 30)

Desse modo, a escola, especificamente a sala de aula, *locus* privilegiado da didática, não está fora das determinações mais amplas e gerais da sociedade em que se encontra, e, como importante mediadora na prática social, a educação escolar é palco das disputas de projetos de hegemonia, que visam ou à supressão das desigualdades, ou à sua manutenção.

Essa disputa pode ser resumida da seguinte maneira: de um lado a concepção dominante de que a escola deve preparar as novas gerações para o mercado de trabalho e, logo, formar o trabalhador adequado para a produção em cada período histórico. Essa primeira corrente utiliza a educação escolar como mecanismo reprodutor das relações sociais capitalistas, inserindo-a em seu projeto de hegemonia burguesa. De outro lado, existe a crítica a essa concepção, advinda de várias correntes pedagógicas▼, a essa formação para o trabalho na sociedade capitalista, pois se pressupõe que essa formação seja alienante, como o é o próprio processo de trabalho na nossa sociedade. Para essa corrente, a educação escolar pode e deve trabalhar para a melhor formação possível dos educandos, visando que estes possam ser artífices de uma nova sociedade, mais igualitária e justa.

Para sintetizar as discussões em torno da concepção de didática surgida nos anos de 1980 e que reflete o anteriormente exposto, listamos, a seguir, o conteúdo comum nas várias perspectivas então surgidas e que até hoje influenciam os debates em torno da questão. Esse conteúdo:

- *se articula à prática social, enquanto pressuposto e finalidade da educação;*
- *é problematizado a partir de temas extraídos da realidade sociocultural;*
- *propõe o tratamento não dicotomizado entre teoria e prática pedagógicas;*
- *vai além dos métodos e técnicas de ensino;*

▼
Autores como Paulo Freire (1980, 1983, 1985) e Dermeval Saviani (1984, 2000, 2006), no Brasil, apesar de se encontrarem em posições teóricas divergentes, defendem, cada um à sua maneira, uma educação que supere a alienação da sociedade capitalista.

- *articula a Didática vivida com a Didática pensada;*
- *aborda o ensino em suas múltiplas dimensões, assumindo-o como uma atividade direcional.* (Oliveira, 1993, p. 95)

Os dois primeiros tópicos articulam-se, pois ambos relacionam a didática à prática social, ou seja, enunciam que a educação faz parte da sociedade, sendo determinante e determinada por esta; logo, não pode alienar-se de abarcar um projeto maior que a própria escola. Com relação ao terceiro e ao quinto ponto, é interessante notar que a dicotomia teoria e prática é uma ideologia da sociedade capitalista, que visa assim justificar as diferenças sociais entre aqueles que exercem o trabalho intelectual e a maioria dos trabalhadores que exerce trabalhos manuais. Essa dicotomia já era apontada por Marx e Engels (1998) como uma característica das sociedades divididas, desde a Antiguidade até a sociedade capitalista, portanto, uma concepção crítica deve pressupor a sua superação. As três últimas questões apontadas como conteúdos do movimento da didática dos anos de 1980 são pertinentes a um conceito de didática mais ampliado que apenas as técnicas e os meios de melhor lecionar em sala de aula, pois isso a reduz a uma atividade meramente técnica, o que não abrange o seu conteúdo como prática social.

Essas questões colocam o desafio de se delimitar o campo da didática, na busca de afinar ainda mais a compreensão da sua especificidade.

1.1
O campo da didática

Nesta parte discutimos, com base no texto de Oliveira (1993), a natureza do campo da didática, pois ela traz as contribuições de importantes autores da área que viveram o período de sua reconstrução nos anos 1980 e o seu texto, por isso, tem um caráter de síntese dessa produção intelectual que veio a modificar o quadro da didática no âmbito da educação no Brasil.

A primeira autora a ser destacada por Oliveira (1993) é Magda Becker Soares, que problematiza a necessidade de rever o campo da didática em dois termos. O primeiro deve-se à crítica à ideologia tecnicista em didática, predominante na década de 1970, para quem esta é neutra, apenas servindo como técnico de ensino instrumental. Essa posição tecnicista, comenta Soares, não dá conta de explicar, e na verdade encobre, a relação entre a formação educativa na escola e as demandas históricas, políticas e sociais advindas do período em questão. Um segundo argumento, e que a autora acredita ser o mais importante na revisão da didática, é referente à sua própria história como área do conhecimento:

> [...] a didática, ao contrário de outras áreas do conhecimento, definiu-se, logo de início, como um conjunto de princípios e normas de orientação de uma prática, ou seja: começou por onde as outras áreas terminaram; não se constituiu por uma conquista progressiva de autonomia, através de pesquisas e reflexão que conduzissem à identificação e delimitação de sua especificidade. (Soares, 1983 citada por Oliveira, 1993, p. 75)

Essa autora delimita claramente o campo da didática como a aula, considerada por ela o fenômeno especificamente didático, o que significa ir além da concepção de didática como o estudo do processo de ensino-aprendizagem. Assim, afirma Soares (1983 citada por Oliveira, 1993), é a prática pedagógica na sala de aula que deveria ser o foco específico da didática, pois por meio dela é permitido entender essa prática e, *a posteriori*, propor novas práticas calcadas na realidade.

Outra questão suscitada por Soares (1983 citada por Oliveira, 1993) é a da relação entre a didática geral e as didáticas específicas a cada disciplina. A autora diferencia o campo de ação pedagógica, objeto da didática, do campo de ação docente, campo das didáticas específicas. Nesse sentido, a mesma autora amplia as considerações anteriores a respeito da centralidade da aula como fenômeno especificamente didático. Essa ampliação se deve ao fato de que a ação pedagógica acontece na sala de aula, mas também para além dela. E a ação pedagógica é mais ampla que a ação docente em uma determinada disciplina, embora ambas, ação docente e ação pedagógica, sejam indissociáveis.

Ainda sobre a relação entre a didática e as disciplinas curriculares, Oliveira traz a contribuição de Freitas, para quem aquela é a teoria pedagógica, que, por sua vez: "[...] procura as regularidades subjacentes a todo o processo pedagógico, com o **apoio** das disciplinas que mantêm estreita ligação com o fenômeno educacional e **conjuntamente** com as metodologias desenvolvidas a partir da aplicação dela a conteúdos específicos" (Freitas, 1987 citada por Oliveira, 1993, p. 77).

Se retomarmos a posição de Ghiraldelli Júnior (1987), que é também defendida por Libâneo (1994), de que a didática é a mediação entre a teoria pedagógica e a prática educativa, percebe-se uma diferença com relação a Freitas (1987), para quem a didática é a própria teoria pedagógica. O que há de comum, especialmente entre Libâneo e Freitas, é que ambos discutem a didática como campo escolar e geral, para além das disciplinas específicas. Esse posicionamento parece ser convergente e consensual na maioria dos autores da área, como resume Oliveira (1993, p. 78):

> *Em síntese, o debate que se desenvolve em torno da natureza do campo da didática, sob um prisma epistemológico, no cerne das divergências de posições, enfatiza, com frequência, a legitimidade do caráter mais amplo da Didática geral, em relação ao caráter específico do ensino de cada matéria curricular (p. ex.: matemática, história etc.). Enfatiza também a desconsideração da Didática geral em torno de um método geral de ensino.*

Dessa discussão advém como resultado uma questão importante para a reflexão sobre a didática e o próprio processo educativo em geral: o ensino não se reduz às matérias curriculares, individualmente ou em conjunto. A educação é um processo social mais amplo e tem como objetivo a formação de hábitos, atitudes, valores, habilidades, práticas e mesmo o que é mais profundo na educação, como as finalidades, os objetivos, o projeto político, pedagógico e social, os métodos de ensino e a organização do trabalho pedagógico. Ainda podemos considerar, dentro do âmbito das disciplinas, a escolha dos conteúdos curriculares, um universo retirado da totalidade da cultura e disponibilizado para a socialização por meio da educação.

A todo esse complexo contexto em que se situa a educação somam-se as determinações sociais, políticas e econômicas da sociedade em que ela é considerada – no caso, as condições da sociedade brasileira.

Do que foi exposto percebemos que não se pode reduzir a didática a apenas métodos de ensino de cada disciplina e, muito menos, reduzir seu campo ao da aprendizagem, campo típico da psicologia (Oliveira, 1993). Tal separação é típica de uma abordagem formalista, não dialética, que não integra a didática aos seus determinantes educativos e sociais.

Do ponto de vista da dialética materialista, ao contrário, não há a possibilidade de separação entre a parte e a totalidade, entre a forma e o conteúdo, entre o psicológico e o social, entre o ensino e a aprendizagem, entre as determinações sociais, históricas e as especificidades do cotidiano escolar, entre o político e o técnico na atividade educativa, entre a atividade e a subjetividade do aluno etc. (Kopnin, 1978; Marx, 2004). Candau (2005, p. 35) expressa a crítica à corrente formalista em didática. Para ela,

> *O grande desafio da didática atual é [...] assumir que o método didático tem diferentes estruturantes e que o importante é articular esses diferentes estruturantes e não exclusivizar qualquer um deles, tentando considerá-lo como o único estruturante. Portanto, o desafio está na superação do formalismo, na superação do reducionismo e na ênfase da articulação; articulação essa que tenta trabalhar dialeticamente os diferentes estruturantes do método didático, considerando cada um deles, suas inter-relações com os demais, sem querer negar nenhum deles.*

É exatamente esse caráter multideterminado que define o campo da didática nesse período de crítica ao formalismo nos anos de 1980. Superar as dicotomias já apontadas significa, de maneira mais ampla, diluir a dicotomia característica da sociedade capitalista, ou seja, a contradição ideológica entre teoria e prática, que afeta sobremaneira a educação e que é reflexo direto da dicotomia entre capital e trabalho (Marx; Engels, 2005).

Nesse caso, não é possível pensar o campo da didática fora do campo da prática social, como fenômeno concreto, que tem como horizonte a transformação social por meio da elaboração de práticas pedagógicas que possibilitem a verdadeira socialização do saber na sociedade, especialmente para a população mais pobre.

Sob essa perspectiva igualitária surgiu o movimento iniciado também nos anos de 1980 denominado por Saviani *Pedagogia Histórico-Crítica* (PHC). Para essa concepção, é a socialização (entendida como a transmissão e a apropriação) dos conhecimentos historicamente acumulados que define o papel específico da educação escolar. Saviani (2000, p. 14) divide em três as tarefas da PHC com relação à educação escolar e aos saberes:

> *a) Identificação das formas mais desenvolvidas em que se expressa o saber produzido historicamente, reconhecendo as condições de sua produção e compreendendo as suas principais manifestações bem como as tendências atuais de transformação;*
> *b) Conversão do saber objetivo em saber escolar de modo a torná-lo assimilável pelos alunos no espaço e tempo escolares;*
> *c) Provimento dos meios necessários para que os alunos não apenas assimilem o saber objetivo enquanto resultado, mas apreendam o processo de sua produção bem como as tendências de sua transformação.*

Quanto ao ponto "a", o autor propõe que é necessária a pesquisa dos saberes e das formas mais desenvolvidas para serem transmitidos para os alunos. Aliás, é importante ressaltarmos que a ideia de se trabalhar com saberes torna a educação escolar estática é apenas um falseamento, pois a condição mínima da dialética da produção do saber é que ela é histórica e, portanto, dinâmica. Trabalhar com saberes, logo, é trabalhar com a dinâmica com que eles são produzidos, reproduzidos ou negados para a sociedade.

O ponto "b" nos coloca diante da necessidade de transformar esse saber produzido pela sociedade em saber para ser transmitido pela escola, o que exige um esforço dos professores e todos os envolvidos com a educação para que o saber social possa ser transmitido no tempo e espaço da escola.

Quanto ao ponto "c", observamos que Saviani posiciona-se de maneira dinâmica quanto aos saberes escolares, especialmente porque, para a PHC, os saberes não podem ser apenas assimilados como produto (escola tradicional), devem, sim ser apreendidos em seu processo de produção e transformação.

A proposta de Saviani expressa aqui não é contraditória como aquela defendida nos anos de 1980 por Candau, que, aliás, parte do mesmo referencial marxista para entender o fenômeno educativo na sociedade capitalista, especialmente pelo fato de se considerar o papel fundamental da socialização do conhecimento como prática transformadora.

Ainda no sentido da superação da sociedade capitalista, Oliveira (1993) traz para o debate o estudo de Damis, que aborda a didática e as suas alterações ao longo do tempo, antes do capitalismo e no seu interior. Damis (1990) afirma que, dentro do capitalismo, a ênfase na ruptura entre os elementos típicos do processo educativo, como o processo e o produto, são formas fenomênicas orgânicas ao desenvolvimento requerido pelo capital, o que guarda uma relação entre a evolução das propostas da didática e a evolução da divisão do trabalho. Ela cita o enfoque dado ao processo e não ao produto como resultante das demandas do capital por treinamento destinado para a produção capitalista, para a adaptação dos indivíduos a esta sociedade, e não para a crítica e superação desta. Essa autora afirma, ainda,

> Desta maneira, no sentido aqui pretendido, estas diferentes formas de ensinar não ocorreram ocasionalmente. Enquanto formas de uma prática social específica, elas estão articuladas a determinado momento histórico de desenvolvimento da sociedade que, ao mesmo tempo, se constitui em pressuposto e em finalidade da ação pedagógica. Por isto, além de técnica e arte, uma forma de ensinar, é, também, um conteúdo. (Damis, 1990)

Há, nessa passagem, uma contribuição para as reflexões, no campo da didática, sobre a superação da falsa dicotomia entre forma e conteúdo na relação pedagógica entre professor e aluno, na transmissão e apropriação sistematizada não somente de conteúdos, mas de visões de mundo, que se constituem em outros conteúdos em jogo na transmissão por meio da escola, o que a autora chama de *conteúdos implícitos*. "Tal conteúdo implícito significa determinadas relações e ligações entre as finalidades específicas desenvolvidas pela instituição escolar e as condições e necessidades predominantes na relação social de trabalho que a determina" (Damis, 1990).

Assim, o campo da didática não pode, como fica claro com a autora citada, limitar-se ao âmbito da sala de aula e aos seus sujeitos principais, o professor e o aluno. A didática como prática social tem papel mediador entre o presente e o futuro, entre a atual situação social, marcada pela desigualdade de classe, e um futuro com a possibilidade de superação dessa desigualdade, com a constituição de uma sociedade igualitária.

Entretanto, está claro que não cabe à educação, sozinha, essa superação, pois na atual sociedade o predomínio é econômico, que determina e subordina a educação aos seus princípios. Mas também é evidente que a educação cumpre um papel decisivo em um projeto transformador no sentido de formar o homem novo para este novo mundo.

1.2
O lugar da didática entre a educação e a pedagogia

Depois de estudar os princípios gerais da didática, cabe analisarmos o seu lugar no campo maior em que se encontra como área de estudo: a educação e a pedagogia. Essa análise é importante por conta das constantes confusões sobre a definição das três áreas do conhecimento – a didática, a educação e a pedagogia –, o alcance de cada um desses campos e, mais ainda, a especificidade de cada um. Como o objetivo aqui é o estudo da didática, resta informar qual a especificidade da pedagogia e da educação.

O conceito de pedagogia mais aceito é que ela faz parte do campo da teoria da educação. Segundo Libâneo (1994), "A pedagogia é um campo de conhecimentos que investiga a natureza das finalidades da educação numa determinada sociedade, bem como os meios apropriados para a formação dos indivíduos, tendo em vista prepará-los para as tarefas da vida social".

Significa dizer, antecipando a discussão que teremos a seguir sobre a educação em geral, que a pedagogia procura garantir que as novas gerações se apropriem dos conhecimentos que são transmitidos pela escola, oferecendo arcabouço teórico--prático para que isso aconteça.

Assim, teoria e prática educativa encontram-se num todo organizado em cada período histórico para o atendimento de necessidades próprias, visando, principalmente, à preparação das novas gerações para as demandas sociais. Cabe à pedagogia refletir e ter ações práticas no sentido de constituir projetos de educação alinhados com as demandas sociais da classe dominante ou construir um projeto educacional libertador, que forme indivíduos que possam realizar a crítica e aguçar as contradições do sistema capitalista.

Para essa tarefa a pedagogia conta com outras ciências e disciplinas afins, cada qual a auxiliando, do seu ponto de vista específico, a projetar os caminhos da educação na sociedade, seja do ponto de vista histórico-social, filosófico ou mesmo dos conteúdos específicos a serem transmitidos em cada área do conhecimento.

A seguir, levando-se em conta o papel da pedagogia como ciência da educação, traçaremos um breve esboço sobre o conceito de educação em geral, seu lugar na sociedade ocidental e, depois disso, analisar o processo histórico da hegemonia da forma escolarizada de educação, proveniente do mesmo movimento de ascensão da burguesia como classe dominante e do capitalismo como modo de produção.

1.2.1
Educação e sociedade

O ponto de partida que adotamos aqui é que o homem não se humaniza fora da sociedade e, portanto, não dispensa mecanismos sociais para se tornar verdadeiramente humano. Assim, a natureza humana não á algo dado e acabado, e sim uma construção histórica e social.

O processo educativo é inerente ao homem, sendo que as formas como ele acontece variam de sociedade para sociedade, e, dentro de cada uma, divergem com o tempo os modos como a educação se desenvolve. Apesar das diferenças, o processo educativo em cada sociedade tem por objetivo maior a humanização do homem, ou seja, a incorporação à sociedade das novas gerações, que sem esse processo ficariam alheias a ela e, portanto, não seriam capazes de reproduzir a herança cultural recebida e desenvolvê-la para as gerações posteriores.

A ação humana geradora dessa herança é conduzida pelo trabalho, entendido como a ação humana que transforma a natureza e a própria cultura com o objetivo de realizar a vida humana em sociedade. O trabalho, assim, vai além do seu conceito cotidiano e do senso comum sobre o trabalho como apenas o trabalho assalariado. Na verdade, o trabalho é que constitui o homem como ser humano e produz a sociedade, *locus* específico da vida humana, o homem é um ser social (Marx, 2004; Marx; Engels, 2005).

Tendo essa concepção em vista, importa enfatizar que é por meio do trabalho que se analisa tanto a história como a educação. Nesse sentido, vale ressaltar o princípio materialista de Marx e Engels (2005, p. 51), exposto a seguir:

> Os pressupostos dos quais partimos não são arbitrários nem dogmas. São bases reais das quais não é possível abstração a não ser na imaginação. Esses pressupostos são os indivíduos reais, sua ação e suas condições materiais de vida, tanto aquelas que eles já encontraram elaboradas quanto aquelas que são o resultado de sua própria ação. Esses pressupostos são, pois, verificáveis empiricamente.

Nesse trecho, os autores apontam que as condições de vida são determinadas pelas condições materiais que os homens encontram ao nascer. Isso significa que há uma transmissão de herança cultural entre as gerações.

Os autores distinguem, ainda, o homem e os animais pela capacidade que os primeiros possuem de produzir sua existência, sua vida material. Tal é a importância dessa proposição que Marx e Engels (2005) a veem como o princípio da constituição humana, como expresso em: "Da maneira como os indivíduos manifestam sua vida, assim são eles. O que eles são coincide, portanto, com sua produção, tanto com o que produzem como com o **modo** como produzem. O que os indivíduos são, por conseguinte, depende das condições materiais de sua produção" (p. 44-45).

Podemos dizer, segundo as proposições dos autores, que a humanidade, ao longo de sua história, constitui-se pelo conjunto de produções que empreendeu, sejam produções materiais ou imateriais, objetivas ou subjetivas, na filosofia ou na ciência, na arte ou nas tradições entre outras produções.

Tendo em vista uma das principais características humanas – a capacidade de transmitir conhecimentos e a cultura –, as novas gerações a serem inseridas na sociedade não se constituem à margem dessa produção humana passada, mas, ao contrário, é sua herdeira direta. Significa dizer que as novas gerações estão em relação dialética com a natureza e com as gerações passadas, produzindo sua existência e sendo produzidas pelas condições materiais do mundo em que se encontram. São esses homens que produzem sua vida, em todos os âmbitos, mediados pela sua ação e partindo do legado adquirido pela transmissão das gerações anteriores, sem nenhuma margem para abstrações idealistas. É assim que se manifestam Marx e Engels (2005, p. 51):

São os homens os produtores de suas representações, de suas ideias, etc., mas os homens reais e atuantes, tal como são condicionados por um determinado desenvolvimento de suas forças produtivas e relações a eles correspondentes, até chegar às suas mais amplas formações. A consciência nunca pode ser outra coisa que o ser consciente, e o ser dos homens é o seu processo de vida real.

A proposta metodológica explícita na obra dos autores citados evidencia o materialismo histórico, que é um importante método de interpretação da história e da sociedade presente e passada. Esse método pressupõe que a consciência humana e, portanto, a própria formação da humanidade no homem decorre da sua relação com a produção material, ou seja, não há uma construção abstrata da consciência, mas a produção real desta pela vida material dos homens em sociedade.

A educação, como parte da produção humana, deve ser entendida no bojo desse processo histórico material, em que os homens, pelo seu trabalho, agem no mundo e produzem a sua existência. A educação, como afirma Saviani (1999, p. 1), é inerente ao homem, e sua origem acontece no mesmo processo de constituição do homem, como ser social.

Se, como já dissemos, o homem não nasce homem, mas é humanizado na sociedade e por outros homens, é a esse processo que se chama *educação*. É esse o clássico princípio proposto por Saviani para introduzir a discussão sobre os princípios materialistas da pedagogia histórico-crítica. "A natureza humana não é dada ao homem, mas é por ele produzida sobre a base da natureza biofísica. Consequentemente, o trabalho educativo é o ato de produzir, direta e intencionalmente, em cada indivíduo singular, a humanidade que é produzida histórica e coletivamente pelo conjunto dos homens" (Saviani, 1999, p. 11).

O ato educativo para Saviani liga-se umbilicalmente à herança historicamente acumulada pelos homens e, mais que isso, o ato educativo tem como princípio humanizar as novas gerações por meio da transmissão dessa herança. E para atender a esses objetivos, a educação sofreu transformações ao longo do tempo.

A educação, ao longo da história, nem sempre atendeu a interesses de classes, mas, ao contrário, por longo tempo ela se constituiu como um processo vital, em conjunto com a produção da vida. Nas sociedades comunais, os homens se educavam no contato direto com a natureza, mediante a apropriação coletiva dos meios de produção e dos resultados do trabalho. Nesse período histórico não havia na sociedade local e horário específicos destinados à educação. Ela era produzida no cotidiano da vida, em todos os momentos.

Foi somente com a ascensão das sociedades antigas▼ e,

▼
O período chamado de *Antiguidade* se estende do aparecimento da escrita cuneiforme, há cerca de 4.000 a.C., até a tomada do Império Romano do Ocidente pelos povos bárbaros, no ano de 476 d.C. (Arruda, 1987)

posteriormente, no feudalismo** que a posse dos meios de produção, especialmente a terra, faz surgir uma classe ociosa, a qual, pela detenção da posse (poder econômico e da força), privava-se do trabalho. Isso também impactava a educação, como vemos: "E em consequência disso se desenvolve um tipo de educação diferenciada destinada aos grupos dominantes cuja função é preencher o tempo livre de 'forma digna', isto é, aquilo que na Idade Média foi traduzido pela expressão latina 'otium cum dignitate'." (Saviani, 2000, p. 2).

Ou seja, a classe ociosa passou a ser educada diferentemente da maioria da população, que continuava tendo na vida cotidiana do trabalho o modo de se produzir e reproduzir. O tempo livre proporcionou a essa classe o contato com outros tipos de conhecimentos, de saberes e propiciou, sobretudo, o desenvolvimento de uma atividade intelectual negada para os que viviam do trabalho.

Mas ainda no período antigo e feudal, a escola (em grego *lazer, tempo livre, ócio*) era uma forma secundária de educação, a qual se dava predominantemente pelo trabalho, no cotidiano e de forma assistemática. Nesse contexto, a escola era o local do "não trabalho", destinada, então, àqueles que prescindiam de trabalhar para sobreviver.

Com a ascensão da burguesia ao poder, ocorreram muitas mudanças referentes ao processo educativo na sociedade. Em primeiro lugar é necessário distinguir a burguesia das classes

---

**

O feudalismo é um sistema social, político e econômico cujas características principais eram a rigidez dos estamentos sociais e a relação de servidão na produção material. Além disso, a Igreja Católica exercia forte influência, junto com os senhores feudais, na manutenção do sistema. Seu período de existência na Europa vai do século V ao século XV, mas o período clássico de ascensão se deu a partir do século IX até o século XI. (Arruda, 1987)

até então dominantes, que viam no trabalho um valor negativo, daí o cultivo ao "ócio com dignidade" dos senhores feudais. Essa característica da burguesia é retratada como classe verdadeiramente revolucionária e que, para sobreviver, necessita justamente manter-se revolucionando os meios de produção, subjugando o campo à cidade, o homem à máquina, a ciência à produção etc.

Essa mudança no modo de produção gerou também mudanças estruturais na sociedade e nas necessidades humanas para a humanização. Houve um verdadeiro rompimento entre o homem medieval e o homem exigido na sociedade burguesa, o cidadão e trabalhador.

Com efeito, a vida urbana, cuja base é a indústria, rege-se por normas que ultrapassam o direito natural, sendo codificadas no chamado 'direito positivo' que, dado o seu caráter convencional, formalizado, sistemático, se expressa em termos escritos. Daí a incorporação, na vida da cidade, da expressão escrita de tal modo que não se pode participar plenamente dela sem o domínio dessa forma de linguagem. (Saviani, 2000, p. 2-3)

Segundo o mesmo autor, a cultura letrada, que passou a ser determinante na vida urbana, é uma cultura sistematizada, o que exige para a sua apropriação uma forma também sistematizada de educação, a qual tinha, então, o papel de criar um novo homem, adaptado e adaptável ao novo mundo industrial e burguês nascente. Esta deveria, necessariamente, ser uma educação de massas, dada a grande necessidade do capital em formar os trabalhadores para a indústria e, ao mesmo tempo, os consumidores desses produtos. Tanto a condição de trabalhador como a de consumidor exigem uma relação mais próxima dos homens com a cultura letrada (Saviani, 2000).

Daí, por conta da necessidade da classe burguesa em formar trabalhadores e cidadãos para legitimar e dar prosseguimento para a sua revolução, a educação passou a ser entendida como de interesse público e, assim, um assunto de Estado. Este, especialmente no século XIX, na Europa, passou a constituir os sistemas nacionais de educação, materializados na construção de escolas públicas para toda a população.

A escola passou, então, a ser a instituição predominante no que se refere à educação na sociedade capitalista, sobrepondo-se à educação mais geral, não sistematizada, que até então predominou nas diversas formações sociais. Sendo assim, a escola também passou a ser alvo de projetos políticos específicos em cada período histórico, sendo ela uma agência privilegiada para o capital formar cidadãos e trabalhadores de acordo com suas demandas, também específicas.

Para entender de forma panorâmica como foi a evolução da didática no decurso histórico do capitalismo, dividiremos a exposição em três partes: escola tradicional, escola nova e tecnicismo. Cada uma dessas escolas representa uma resposta educacional para as demandas do capital, especificamente no que se refere à formação. A didática impressa em cada uma dessas escolas, portanto, liga-se aos projetos políticos e econômicos de cada período. É assim, por exemplo, que surgem as concepções tradicional e nova da educação, assim como o tecnicismo e a dialética, as chamadas *tendências educacionais na educação*, que trataremos a seguir.

1.2.2
As tendências pedagógicas e a didática

Entenderemos a escola tradicional aqui como aquela formulada no século XIX, na perspectiva de Herbart, que, segundo as concepções de Saviani (1984) e Suchodolski (2000), é o mais representativo autor dessa corrente.

Antes de adentrarmos a especificidade dos métodos da escola tradicional, porém, vamos nos deter na localização do que se convencionou chamar *educação tradicional* no movimento histórico da passagem do século XVIII para o XIX, procurando captar a vinculação de uma pedagogia juntamente com a constituição da sociedade então em desenvolvimento, a sociedade capitalista burguesa, forjada em definitivo na Revolução Francesa de 1789, e o seu lema: "Liberdade, igualdade e fraternidade"[▼].

Desse lema nos interessa analisar a igualdade como conceito para entender o discurso educacional então nascente, ou seja, qual a proposição da classe dominante para a educação na nova sociedade, traduzida na constituição de sistemas nacionais de educação, assim como na formação de um novo senso comum na sociedade, que incutia a necessidade de formação escolar para a adaptação e engajamento a esse novo mundo nascente, especialmente para o engajamento como mão de obra da indústria (Saviani, 1999).

No período revolucionário, ou seja, nos embates ocorridos a partir do século XVI entre a burguesia e os resquícios da estrutura feudal para a conquista da hegemonia sobre a sociedade – que culminou em 1789, na França –, a burguesia conclamou o povo a lutar pela liberdade das amarras dos poderes

▼
Para aprofundar a questão sobre o papel da Revolução Francesa, ler a obra do historiador britânico Hobsbawm (1982).

constituídos por meio do discurso da igualdade essencial entre os homens. Essa igualdade essencial significa, como o próprio nome diz, uma igualdade sem limites, entre todos os homens, independente de quaisquer condições. Todos eram iguais e, portanto, era absurda a perpetuação dos privilégios aristocráticos e das leis que amparavam esse sistema. Segundo Saviani (1999, p. 43), "sobre essa base da igualdade dos homens, de todos os homens, é que se funda então a liberdade, e é sobre, justamente, a liberdade, que se vai postular a reforma da sociedade".

Com o bordão "Liberdade, igualdade e fraternidade" a burguesia conclamou a todos a apoiarem seu projeto de poder, mascarando-o como se fosse o projeto de um mundo novo para todos. Significa dizer que a burguesia tomou o poder para si, mas de modo que parecesse que o poder agora estava na mão de todos, numa manobra ideológica nunca antes vista nesta magnitude ao longo da História.

Essa manobra burguesa de disfarce ideológico contrastava com a clareza das relações anteriormente praticadas. Na Idade Média, por exemplo, não havia dúvidas sobre as relações estabelecidas na sociedade, ou seja, o servo cumpria a função de servir aos senhores, de doar a eles boa parte da sua produção agrícola. Para esse servo também era claro que não lhe pertenciam a terra e a sua produção, assim como os equipamentos com que trabalhava.

A "igualdade perante a lei" foi um dos meios de legitimação da burguesia, lema que angariava a população para o seu projeto. A proclamação da igualdade contrastava com a situação de extrema desigualdade da situação anterior, em que uma pequena classe aristocrática detinha privilégios que o restante da população deveria trabalhar para sustentar.

Capítulo primeiro, página 39

Essa proclamação da "igualdade perante a lei" significava uma mudança de posicionamento da classe burguesa no curso da sua legitimação e fixação enquanto classe dominante na sociedade. No momento revolucionário de sua luta contra a aristocracia feudal, a burguesia falava na igualdade essencial entre os homens, mas, no poder, passou a defender a "igualdade perante a lei".

Essa nova versão da igualdade houve como consequência um posicionamento em relação aos homens em sociedade. O lema burguês, traduzido ideologicamente como o pensamento de toda a sociedade, passou a ser que os homens não são todos iguais essencialmente, mas sim que todos são "naturalmente diferentes". A centralidade nas diferenças acaba por encobrir ideologicamente as desigualdades sociais reais, em nome de uma igualdade formal, escrita na lei*.

Essa mudança de discurso sobre a igualdade, de essencial, universal e genérica para uma igualdade existencial, formal e baseada nas diferenças, influencia o discurso educacional. Como reflexo desse discurso, a educação proclamada também atendia a esse propósito, ou seja, a burguesia constituiu um projeto de educação que tinha como horizonte a igualdade entre todos os homens. Daí seu papel estratégico na constituição da sociedade capitalista, como afirma Saviani (1999, p. 44-45):

▼

Atualmente, percebe-se a força desse argumento burguês na ideia do multiculturalismo, que afirma a centralidade nas diferenças entre as pessoas pela sua cultura, pela sexualidade, pelo gênero, pela idade, entre outros fatores. Desse modo, as diferenças encobrem a luta de classes na sociedade, e, logo, deixa-se de atacar o que é essencial na sociedade, que é a contradição em relação ao trabalho, ou seja, entre uma classe que vive do trabalho e outra que explora este trabalho. (Antunes, 2005; Duarte, 2000)

Escolarizar todos os homens era condição de converter os servos em cidadãos, era condição de que esses cidadãos participassem do processo político, e, participando do processo político, eles consolidariam a ordem democrática, democracia burguesa, é óbvio, mas o papel político da escola estava aí muito claro. A escola era proposta como condição para a consolidação da ordem democrática.

Democracia e cidadania surgiram como apelos da nova classe dominante, a burguesia, como formadores de uma sociedade igualitária, livre das amarras feudais. Mas não é difícil perceber que esses conceitos, tomados pela burguesia, foram transformados em elementos necessários para a conservação de uma ordem social nascente, um novo *status quo*.

A cidadania – embora seja um conceito advindo da Grécia Clássica, onde significava a possibilidade real de intervenção dos indivíduos na constituição da *polis* – no projeto burguês de educação resumia-se a formar indivíduos adaptados às necessidades produtivas e sociais da sociedade capitalista nascente: o cidadão produtivo, eleitor e cumpridor das leis.

O projeto educacional burguês na fase de desenvolvimento do capitalismo, de sua efetivação como projeto hegemônico de sociedade, tinha em Herbart um dos grandes inspiradores. Libâneo (1994, p. 60-61) resume assim as ideias desse autor:

Segundo Herbart, o fim da educação é a moralidade, atingida através da instrução educativa. Educar o homem significa instruí-lo para querer o bem, de modo que aprenda a comandar a si próprio. A principal tarefa da instrução é introduzir ideias corretas na mente dos alunos. O professor é um arquiteto da mente. Ele deve trazer à atenção dos alunos aquelas ideias que deseja que dominem suas mentes.

A moralidade presente nesse projeto educacional era a nova moralidade burguesa, calcada na honestidade e na autonomia. O homem adequado para a sociedade nascente, o trabalhador, deveria ter o perfil do homem que atendesse às ordens que lhe eram repassadas pelos superiores hierárquicos na fábrica e, fora dela, deveria ser cumpridor das leis estabelecidas e tomadas como modelo correto de sociabilidade.

A escola e o professor, para Herbart (2003), deveriam ser responsáveis pela formação da mente desse novo homem, formação esta realizada como um projeto de arquitetura, como afirma Libâneo (1994), o que significava, no caso, moldar mesmo as novas gerações adequadamente para o que a sociedade capitalista demandava.

Para que isso acontecesse no processo educativo, Zacharias (2007) cita Herbart (2003), que desenvolveu cinco passos didáticos:

- *A preparação: o professor parte do que a criança já sabe, facilitando o trabalho com os conhecimentos necessários para aprender os conteúdos;*
- *A apresentação: exposição do conteúdo pelo professor;*
- *A assimilação: nesta etapa o aluno pode fazer relações entre o que já sabia e os conteúdos transmitidos pelo professor, levantando semelhanças e diferenças;*
- *A generalização: do momento anterior, o aluno agora já pode abstrair, chegando a conceitos gerais, ou seja, do concreto chegou-se ao abstrato;*

- *A aplicação: são exercícios e exemplos em que os alunos podem demonstrar o que aprenderam, dando sentido real ao processo de ensino-aprendizagem.*

Os cinco passos de Herbart expostos aqui, afirma Saviani (2006), estão de acordo com o método científico, o **método indutivo**. Herbart (2003) parte do princípio de que a alma é uma **tábula rasa** que precisa ser preenchida com experiências sucessivas. Seu sistema educacional baseia-se no intelectualismo, na aquisição de conhecimentos e no cultivo do espírito. É justamente essa característica a mais marcante nas críticas realizadas à escola tradicional pelos escolanovistas.

Para fazer a transição da escola tradicional para a escola nova, Suchodolski trata justamente da crítica de John Dewey (1859--1952) à teoria da instrução formal de Herbart, de base kantiana.

A teoria da instrução formal, fundamentada nestas bases, era uma concepção especial da formação do espírito da criança segundo esquemas estabelecidos previamente e – apesar do seu formalismo – concordava perfeitamente com os princípios gerais da pedagogia da essência. Muito embora não estabelecesse o conteúdo da instrução, era uma teoria muito pormenorizada que impunha as formas de desenvolvimento e de atividade do espírito. É evidente que Dewey, por coerência com o seu próprio ponto de vista, devia opor-se a esta teoria da formação do espírito e mostrar que a verdadeira formação do espírito se verifica de modo absolutamente diferente, a saber: sob pressão do interesse e das dúvidas surgidas no decorrer de questões subjetivamente interessantes, na formulação de problemas, nas reflexões suscitadas pelas dificuldades e pelas observações práticas. (Suchodolski, 2000, p. 55)

Esse trecho ilustra, de forma resumida, a polêmica resultante da passagem da hegemonia de uma concepção pedagógica ilustrativa do período revolucionário da burguesia, a chamada *escola tradicional*, representante do que Suchodolski (2000) chamou de *pedagogia da essência*. Para uma concepção pedagógica escolanovista, característica de um novo período do capitalismo, no qual este já se encontrava dominante e cuja missão seria então perpetuar a revolução dos meios de produção para se manter hegemonicamente como classe dominante.

Herbart (2003) partia da concepção kantiana de que a formação do espírito da criança não era psicológica, individual, mas sim de caráter transcedental, uma condição humana do conhecimento, para além dos limites individuais. Já para Dewey (1971), a formação do espírito acontece no âmbito psicológico, individual, impulsionado pelos interesses suscitados na prática.

John Dewey, diferentemente de Herbart, foi influenciado pelos pragmatistas, especialmente Charles Peirce (1839-1914) e William James (1842-1910), assim como pela sua convivência com a sociedade e o espírito dos Estados Unidos. Sobre essas influências, comenta Anísio Teixeira (1959):

> *Sem dúvida, foi profundíssima a influência da vida americana, do caráter prático de sua civilização, sobre o pensamento de John Dewey. Este pensamento, porém, na sua mais fecunda parte original, no seu esforço de conciliação das contradições e conflitos da vida moderna, ainda não logrou implantar-se e está mesmo ameaçado de se ver ali e na parte que lhe é oposta do mundo, submergido por um refluxo das velhas doutrinas dualistas, de origem platônica.*

Dewey (1971) formulou o conceito de *continuum experiencial*, ou seja, uma experiência pode, por sua natureza, dar continuidade a outras, o que significa, para a educação, que há um vínculo direto entre experiência pessoal e educação, desde que essa prática seja educativa, ou seja, que favoreça a continuidade das experiências. Segundo o mesmo autor, "o princípio de continuidade de experiência significa que toda e qualquer experiência toma algo das experiências passadas e modifica de algum modo as experiências subsequentes" (Dewey, 1971, p. 26).

Dewey parte do conceito de *continuum experiencial* para formular o seu projeto de "escola ativa", ou seja, uma escola em que as experiências advindas da ação do aluno são o pressuposto do seu aprendizado. Cabe à escola e ao professor formular e disponibilizar ambiente, materiais e outras condições para a realização dessas experiências. Em *Democracia e educação*, de 1916, assim se expressa Dewey (2006):

> *A criança de três anos que descobre o que se pode fazer com blocos, ou a de seis anos que percebe o que acontece quando põe cinco cêntimos e mais cinco cêntimos juntos, é verdadeiramente um descobridor, mesmo que toda a gente no mundo já o saiba. Ocorre um genuíno incremento da experiência; não é apenas mais um item mecanicamente acrescentado, mas um enriquecimento com uma nova qualidade. O charme que a espontaneidade de crianças jovens nutrem por observadores simpáticos é devido à compreensão desta originalidade intelectual. A alegria que as próprias crianças sentem com as suas próprias experiências é a alegria da construção intelectual da criatividade, se me é permitido usar esta palavra, sem ser mal entendido.*

A citação de Dewey evidencia que o valor do conhecimento está na ação autônoma da criança. A ênfase não está em **o que se aprende**, mas na **experiência de como se aprende**, que é o que valida o conhecimento adquirido. Ele acreditava a tal ponto na continuidade das experiências autônomas e significativas (*o continuum experiencial*) que, na sua concepção, a escola é a própria vida. Vejamos como o autor se expressa a esse respeito no livro *Democracia e educação*:

> À semelhança do que se passa com a vida biológica, a existência da sociedade é devida a um processo de transmissão. É através da comunicação de hábitos de fazer, construir e sentir, por parte dos mais velhos para os mais novos que esta transmissão se processa. Se não acontecer esta comunicação dos ideais, esperanças, expectativas, padrões e opiniões daqueles que mais depressa irão desaparecer do grupo dos vivos para aqueles que começam a fazer parte deste, então a vida social não sobrevive. Numa sociedade composta por elementos que vivessem continuamente, a tarefa de educar seria meramente movida por interesses pessoais e não por uma necessidade social. Assim, educar é de facto uma tarefa que decorre da necessidade. (Dewey, 2006)

É interessante notar a clareza do pensamento do autor em relação à educação, o seu papel e a proximidade com a vida. Para ele é a comunicação a base da vida em comunidade e esta, por sua vez, é a forma de preservação da vida social, repassada de geração para geração. A escola cumpre um papel importante, pois nela ocorre também essa comunicação, daí sua concepção da proximidade entre a escola e a vida.

No entanto, assevera o autor, há uma distinção entre a escola e outras instituições em que ocorre essa comunicação. Segundo ele, a especificidade da escola está na

> [...] *necessidade de ensinar e aprender para assegurar a contínua existência de uma sociedade é de facto tão óbvia, que pode até parecer que andamos às voltas com uma frase feita. Mas a justificação está no facto de tal ênfase ser uma forma de nos afastar de uma noção escolástica e formal de educação. A escola é na realidade um meio importante de transmissão na formação do jovem; mas é apenas um meio, e quando comparada com outros, é um meio relativamente superficial. Só quando compreendemos ser necessária a existência de mais métodos de ensino, fundamentais e persistentes, é que podemos ter a certeza de colocar os métodos escolásticos no seu verdadeiro contexto.* (Dewey, 2006)

Nessa citação, o autor reconhece que a concepção de que a educação serve a uma necessidade e para o objetivo de "assegurar a contínua existência de uma sociedade" não é nada incomum e, ao contrário, aproxima-o de autores como Émile Durkheim (1858-1917), para quem essa é a tarefa essencial da escola (Durkheim, 2001), ou ao posicionamento de outros autores da chamada *escola tradicional*, em especial Herbart. Dewey (2006), ao contrário, defende uma renovação no conceito de educação e escola até então em voga, que chamou de *escolástica* e *formal*.

Para ele, o que é específico da escola são os métodos de ensino, pois como mera instituição de transmissão é superficial, se comparada a outras instituições sociais. Daí que a escola nova coloca a ênfase mais nos meios de se aprender do que nos conteúdos do aprendizado. Sendo assim, Dewey acredita numa concepção diferenciada de escola, em relação a Herbart (Suchodolski, 2000), para quem importava apenas a ação do professor sobre o aluno através dos cinco passos. No livro *Democracia e educação*, Dewey (2006) nos dá uma noção de como seria composta essa escola:

> *Em escolas equipadas com laboratórios, lojas e jardins, que livremente introduzem dramatizações, jogos e desporto, existem oportunidades para reproduzir situações da vida, e para adquirir e aplicar informação e ideias num progressivo impulso de experiências continuadas. As ideias não são segregadas, não formam ilhas isoladas. Animam e enriquecem o decurso normal da vida. Informação é vitalizada pela sua função; pelo lugar que ocupa na linha de ação.*

Uma escola ativa, como percebemos na citação, seria para Dewey uma escola equipada com todos os meios possíveis para a realização do ensino, com atividades e materiais disponíveis para os alunos, os quais, com o auxílio do professor, poderiam realizar as experiências educativas necessárias para o acúmulo de experiências. É desse modo que a escola concretiza seu papel de continuidade com a vida social, cuja concepção comunitária o autor traça a seguir:

> *As pessoas não formam uma sociedade apenas por viverem em proximidade física [...] um conjunto de pessoas não forma um grupo social apenas porque trabalham para um fim comum. As diversas partes de uma máquina trabalham em cooperação para um resultado comum, mas não formam uma comunidade. No entanto se todos estivessem conscientes do objetivo comum que se pretende atingir e interessados em alcançar esse objetivo de tal forma que*

cada atividade específica fosse regulada para esse fim, então sim estar-se-ia em presença de uma comunidade. (Dewey, 2006)

A consciência e o interesse das pessoas em relação aos objetivos comuns a serem alcançados é o que determina a vida em comunidade, pois fora disso nos aproximamos das máquinas e suas peças, como na metáfora utilizada pelo autor. O vínculo da educação com a vida comunitária se dá porque é nessa instituição que as crianças e os jovens devem entrar em contato com os objetivos sociais a serem alcançados. Segundo o autor:

Sem essa educação formal não é possível transmitir todos os recursos e realizações de uma sociedade complexa. É também aberto um caminho para um determinado tipo de experiência que estaria inacessível aos mais novos se lhes fosse permitido obter apenas o treino que necessitam em associações informais com os outros, uma vez que os livros e os símbolos do conhecimento são o repositório de todo o conhecimento. (Dewey, 2006)

As experiências que a escola deve transmitir relacionam-se ao legado das realizações das sociedades e gerações anteriores. O sucesso dessa empreitada, comenta Dewey (2006), só acontece se houver a formalização da educação, pois a complexidade social atingida torna impossível a educação informal.

Advém daí a sua crítica à escola tradicional, a qual ele acusa de "remota e morta, abstracta e livresca" (Dewey, 2006), isso porque ela havia se tornado alheia às necessidades sociais e aos interesses dos jovens. A escola assim configurada não cumpre seu papel de administrar e desenvolver as experiências necessárias para os jovens se adequarem à sociedade. Vejamos como se expressa o autor a esse respeito:

> Existe o perigo de os saberes da instrução formal constituírem o que há de mais importante na escola, isolados daquilo que é realmente necessário na vida quotidiana. Os interesses sociais da comunidade perdem-se de vista. Aqueles que não foram transpostos para a estrutura da vida social, mas se mantiveram em larga medida como informação técnica expressa em símbolos, são os mais valorizados nas escolas. (Dewey, 2006)

Para o autor, a escola deve ser a continuidade da vida social para cumprir seu papel educativo, pois, caso contrário, perde sua função social. É por isso que Dewey critica a escola tradicional, por afastar-se da vida social e focar sua ação nos conteúdos que se distanciam da realidade e das necessidades dos alunos.

Outra tendência que foi hegemônica no Brasil, especialmente nos anos 1960 e 1970, é a tendência tecnicista. A discussão sobre esse tema não pode prescindir da análise sobre a crítica presente na revisão da área educacional ocorrida nos anos de 1980. Naquele momento crucial na luta contra a ditadura militar agonizante, era justamente contra uma visão tecnicista da didática que se lutava no campo educacional.

> A didática, numa perspectiva instrumental, é concebida como um conjunto de conhecimentos técnicos sobre o 'como fazer' pedagógico, conhecimentos estes apresentados de forma universal e, consequentemente, desvinculados dos problemas relativos ao sentido e aos fins da educação, dos conteúdos específicos, assim como

do contexto sociocultural concreto em que foram gerados. (Candau, 2005, p. 13-14)

Percebemos pelo exposto que uma didática instrumental considera como relevante apenas e tão somente os meios e as técnicas (o como fazer), e, caso o professor seja bem-sucedido no uso desses meios e técnicas, o sucesso do processo educativo estará garantido. A concepção é a de que os meios em nada se vinculam com a concretude do processo educativo, ou seja, com sua historicidade e papel social. É como se, através dos meios, fossem veiculados conteúdos que não pudessem ser questionados ou que correspondessem a verdades que não são passíveis de discussão.

Trata-se, nesse caso, de assumir a técnica de ensino como neutra, como parte de uma concepção maior de neutralidade científica e técnica. Segundo essa concepção, a coerência interna da ciência e da técnica é suficiente para que haja a sua compreensão. Na verdade, como afirma Candau (2005), é senso comum que a ciência e a técnica possuem forte conteúdo ético-social e, portanto, não são neutras. Com relação ao tecnicismo na educação, afirma Saviani (1984, p. 15): "A partir do pressuposto da neutralidade científica e inspirada nos princípios de racionalidade, eficiência e produtividade, essa pedagogia advoga a reordenação do processo educativo de maneira a torná-lo objetivo e operacional".

Ou seja, em nome da eficiência operacional, buscava-se, ainda segundo o mesmo autor, retirar da educação o máximo de subjetividade, item que pode atrapalhar o fim maior da eficiência. Nesse caso, a ênfase na organização racional dos meios leva à secundarização dos sujeitos principais da educação: o professor e o aluno, que passam a ser meros "[...] executores de um processo cuja concepção, planejamento, coordenação e controle ficam a cargo de especialistas supostamente habilitados, neutros, objetivos, imparciais" (Saviani, 1984, p. 16). Qualquer subjetividade seria neutralizada por esse processo racional e técnico, garantindo a eficiência do processo educativo.

Tal eficiência visava à formação em massa de mão de obra para o sistema produtivo, sendo a didática instrumental um meio para alcançar esse fim, por meio do treinamento eficiente, do "aprender a fazer". É importante ressaltar que essa busca pela formação eficiente para a produção refere-se, no contexto histórico dos anos de 1970, ao chamado *milagre econômico*. Nesse contexto, a educação claramente estava a serviço do projeto de desenvolvimento (teoria do capital humano), ainda que este tenha fortes traços da presença externa na condução do seu rumo, como é o caso dos famosos acordos MEC-Usaid.▼

Com o intuito de superar a tendência tecnicista da educação, assim como para apontar as reais possibilidades e limites da educação escolar na sociedade capitalista, surge nos anos de 1980 a proposta dialética na didática. Essa proposta encontrava-se em concomitância com as lutas populares em favor da redemocratização do país após os longos anos da ditadura militar. Apesar de, naquele momento, essa proposta ser veiculada sob dois pontos de vista diferenciados, ou seja, pelo viés da pedagogia histórico-crítica, criada por Saviani, e pela pedagogia crítico-social dos conteúdos, criada por Libâneo, vamos analisar alguns pontos comuns ao elemento dialético da didática.

A análise será referenciada em três importantes autores dessa corrente na didática: José Carlos Libâneo, Lílian Anna

▼
Ver Glossário ao final da obra.

Wachowicz e João Luiz Gasparin, além de Dermeval Saviani, que contribui direta ou indiretamente para a constituição de uma pedagogia histórico-crítica e, logo, auxilia na formulação de uma didática dialética.

O primeiro ponto de destaque para essa corrente da didática é que o compromisso da educação deve ser o da democratização/socialização do saber sistematizado. Assim se expressa Wachowicz (1990, p. 91):

> *O trabalho da escola se refere à apropriação do saber, por parte do aluno concreto; o saber de que se trata na escola pública deve ter o conteúdo específico para servir às classes subalternas no seu processo de progressão humana e social; o conteúdo específico de que se trata somente será progressista se o meio pelo qual é transmitido for progressista.*

A escola, dessa forma, apresentava-se como um *locus* de socialização dos conhecimentos, visando a um projeto de libertação das classes subalternas, ou seja, a prática social realizada na escola devia ter caráter classista. Ao mesmo tempo, o limite da ação da escola, e é essa a dialética entre a escola e a sociedade, é que somente a sua ação não garante a transformação social, pois fica limitada ao ambiente maior em que se localiza. No caso da atual sociedade, a ação da escola, mesmo sendo progressista, esbarra numa realidade ideologicamente tomada pelo pensamento conservador, tal como vemos, por exemplo, na ideia tornada unívoca, de que a escola deve formar para o trabalho, conforme as exigências da indústria atual, na fase da globalização da economia (Confederação Nacional da Indústria, 2007).

Wachowicz (1990) propõe uma prática pedagógica que esteja vinculada ao progresso humano e social, não no sentido do progresso positivista, mas no sentido da construção da multilateralidade no homem, ou seja, o seu desenvolvimento mais completo, verdadeiramente humanizado.

A didática, como atividade mediadora da prática pedagógica escolar, cumpre um papel fundamental nesse projeto educativo, pois é ela que pode proporcionar, ou não, a transmissão do conhecimento de forma progressista. Na verdade, continua a autora (1990), a didática retoma a questão do método dialético entre a prática que faz a teoria ser viva, e não o obstáculo da prática, o seu reverso (o famoso "na teoria a prática é outra" tão comum).

Outra discussão muito relevante para a área da didática, no seu núcleo mesmo, como afirma Candau, é a relação conteúdo-forma do ensino. "Esta questão muitas vezes foi colocada na história da didática de uma forma abstrata e a-histórica. No entanto, hoje se coloca procurando articulá-la com a reflexão sobre o papel social da escola, o caráter histórico-social da prática pedagógica da educação das classes populares" (Candau, 2005, p. 29).

No contexto em que a autora proclama essa citação, ela está no centro do que se constituiu o movimento da crítica à didática instrumental nos anos de 1980 (o movimento da didática em questão, iniciado em 1982 num seminário na Pontifícia Universidade Católica do Rio de Janeiro (PUCRJ), da qual a autora foi uma das grandes intelectuais e organizadora). Ela se colocava, naquele momento, como representante da pedagogia crítico-social dos conteúdos, cujo maior expoente é José Carlos Libâneo, autor do livro *Democratização da escola pública: a pedagogia crítico-social dos conteúdos*, documento básico para essa corrente pedagógica.

Esclarecido o contexto da citação e voltando para a discussão conteúdo-forma do ensino e sua relação com o compromisso político-ético da educação para as camadas populares, Oliveira nos coloca a importância da superação das dicotomias na educação, entre conteúdo e forma, entre ensino e aprendizagem, entre objetividade e subjetividade, entre transmissão e assimilação, entre técnico e político etc. Retomemos uma passagem clássica em que a autora discute essas questões de maneira clara:

> *Nessa relação conteúdo-forma, o conteúdo é o polo determinante, mas essa determinação não é absoluta. A forma mantém com o conteúdo uma autonomia relativa. Na medida em que esta autonomia relativa não é percebida, a forma que vem sendo dada àquele conteúdo (e que pode estar servindo a determinados interesses diferentes daqueles que se proclama) acaba refreando o desenvolvimento do conteúdo, sendo este apresentado (sem se ter consciência disso) como algo estático, já acabado, como uma verdade pronta, eterna. É interessante notar que, ao não se perceber a necessidade de se considerar o conteúdo em relação recíproca com a forma em função de objetivos conscientizados, afirma-se (também sem se ter consciência disso) a forma já existente, pois não há conteúdo sem forma e vice-versa.* (Oliveira, 1986, p. 33)

Segundo a autora, apesar de o conteúdo ser o determinante, não o é absolutamente, ou seja, não pode ser considerado isoladamente da forma. O conteúdo, nesse sentido, pode ter caráter revolucionário ou libertador se a forma como for ensinado estiver dirigida a esse propósito. Por outro lado, qualquer conteúdo pode vir a fazer um papel conservador, caso a forma como for transmitido apresente-o estaticamente, como uma verdade pronta e acabada, sem a sua necessária contextualização na totalidade histórico social em que foi produzido (Oliveira, 1986).

Daí que um dos desafios colocados pela pedagogia histórico-crítica, da qual fazem parte os estudos de Oliveira, é fazer com que os conteúdos sejam transmitidos no seu desenrolar histórico, social e científico. Considera-se, nesse caso, que a própria ciência não é desvinculada da realidade em que é produzida e o ensino deve garantir a apropriação dos conteúdos em seu movimento, na sua dinâmica (dialética). Dessa maneira os alunos podem ver-se como construtores desse conhecimento, como pertencentes à sociedade que produz os conhecimentos que se estudam na escola.

Além da relação conteúdo-forma, outro ponto de suma importância para a compreensão da didática dialética é com relação à prática social. Esta, segundo a concepção de Saviani (1984) e adotada por Wachowicz (1990) e Gasparin (2002), é o ponto de partida e de chegada do ensino e, portanto, da didática. Segundo Wachowicz (1990, p. 100), a prática social é o "[...] contexto amplo, histórico-social, na totalidade das relações entre classes antagônicas". O trabalho é a unidade dessa prática social.

Gasparin (2002) explora especificamente os cinco passos da didática da pedagogia histórico-crítica: a prática social, a problematização, a instrumentalização, a catarse e a prática social. Todos esses passos serão analisados a seguir, por serem guias para a ação do professor na sua prática educativa.

O **primeiro** passo é o da prática social. Nesse nível levamos em consideração o que o aluno traz consigo ao chegar à escola, o seu conhecimento adquirido pela vida, no cotidiano. Cabe ao professor dar a devida importância para esse conhecimento dos alunos, levá-lo em consideração nas suas aulas, o que resulta em uma prática que possibilita uma melhor relação do docente com o aluno e o conhecimento. A partir daí o professor pode elaborar a sua aula, desenvolvendo conteúdos com um conhecimento mais amplo do que o daqueles com quem compartilha a sua prática educativa. Segundo Gasparin (2002, p. 17),

> Essa tomada de consciência da realidade e dos interesses dos alunos evita o distanciamento entre suas preocupações e os conteúdos escolares. Os conteúdos não interessam, a priori e automaticamente, aos aprendentes. É necessário relaciona-los às opiniões trazidas pelos educandos. A contextualização dos saberes dos alunos implica que o professor, nas fases posteriores do método de trabalho, contextualize os conteúdos programáticos.

A fala do autor é clara no sentido de que é necessário, no processo educativo, que se contextualizem os conhecimentos, pois considerá-los bons em si mesmos faz apenas retornar a uma concepção tradicional, formalista, de educação. O conhecimento deve ser seguido, no ato educativo, de uma forma progressista de ensinar, caso o objetivo do professor seja praticar uma educação para as classes populares, para a sua libertação.

O pressuposto da prática social encontra apoio na teoria de Vygotski (citado por Salcon, 2002, p. 112-120), que denominou essa primeira fase de *desenvolvimento atual*, que leva em conta a aprendizagem do educando antes de chegar à escola. O educando não chega à escola como uma **tábula rasa**, mas dotado de conhecimentos, vivências, opiniões etc. que podem e devem ser considerados na prática educativa escolar, pois, afinal, esses conhecimentos e vivências afetam diretamente o aprendizado.

Embora os conhecimentos adquiridos antes da escola sejam importantes para o processo educativo, do ponto de vista da didática dialética, ele não é o único nem significa que a educação escolar seja sua continuidade linear. A especificidade da escola é o conhecimento científico e, dessa maneira, o conhecimento prévio é apenas e tão somente o ponto de partida do processo e nunca o seu objetivo final.

Destacamos também que, do mesmo modo que os alunos possuem conhecimentos prévios da prática social concreta em que vivem, essa prática social é compartilhada pelos professores, afinal ambos vivem na sociedade. Porém, professores e alunos se diferenciam no que se refere à compreensão dessa mesma prática social. Vale a pena trazermos a citação de Saviani (1984, p. 73-74):

> *Enquanto o professor tem uma compreensão que poderíamos chamar de 'síntese precária', a compreensão dos alunos é de caráter sincrético. A compreensão do professor é sintética porque implica uma certa articulação dos conhecimentos e experiências que detém relativamente à prática social. Tal síntese, porém, é precária uma vez que, por mais articulados que sejam os conhecimentos e experiências, a inserção de sua própria prática pedagógica como uma dimensão da prática social envolve uma antecipação do que lhe será possível fazer com os alunos cujos níveis de compreensão ele não pode conhecer, no ponto de partida, senão de forma precária. Por seu lado, a compreensão dos alunos é sincrética uma vez que, por mais conhecimentos e experiências que detenham, sua própria condição de alunos implica uma impossibilidade, no ponto de partida, de articulação da experiência pedagógica na prática social de que participam.*

Do exposto anteriormente, além da concepção de diferenciação entre o nível, no ponto de partida entre professores e alunos, é importante destacar o fato de o professor, desde o ponto de partida, ter uma compreensão sintética, mais desenvolvida, da prática social. Isso o coloca num posicionamento de responsabilidade diferenciada no processo educativo em relação aos seus alunos. Essa responsabilidade do educador se efetiva nos outros passos da didática dialética.

O **segundo** passo é o da problematização. Nesse momento a prática social, mais uma vez, inspira o processo educativo no sentido de fornecer as questões que precisam ser revolvidas para o enfrentamento das necessidades constatadas na realidade social concreta, o que leva à formulação, pela escola, do conjunto dos conhecimentos a serem transmitidos, haja vista o desafio que se coloca de lidar com a problemática advinda da realidade. A problemática pode ser colocada aos alunos como um desafio a ser superado, desde que ele seja fruto da prática social, e não desvinculado dela.

Ainda conforme a pedagogia histórico-crítica, teoria e prática se encontram e, juntas, devem enfrentar questões surgidas da prática social. É esse enfrentamento que legitima a teoria e a prática, pois, como a prática é o ponto de partida e de chegada, é ela que dá a legitimidade de ambas. Se a teoria e a prática utilizadas não dão conta de enfrentar eficientemente a realidade, não servem como instrumentos para a educação sob o ponto de vista de uma concepção materialista (Gasparin, 2002).

Ao mesmo tempo que as questões surgem da prática social, elas devem ser trabalhadas por meio dos conteúdos curriculares. Esses conteúdos são constantemente colocados em xeque, dada a necessidade de responderem às demandas da prática social, que, portanto, antecede a seleção do conteúdo. Será que os sistemas educacionais no Brasil têm seguido esse conceito? Ou será que os currículos são definidos por outras ordens de questões que não a prática social? A resposta a essas questões, geralmente, é que os conteúdos não são referidos pelas necessidades da prática social, tampouco são trabalhados nas escolas de modo que os alunos se apropriem desses conhecimentos enquanto dinâmicos, incorporados na prática social e histórica em que surgem e se desenvolvem. O mais comum é que os professores legitimem os conteúdos das suas disciplinas como se fossem importantes por si mesmos, sem relação com as necessidades sociais.

O **terceiro** passo é a instrumentalização. Nesse momento professor e aluno se colocam intencionalmente no processo educativo para transmitir (o professor) e se apropriar dos conhecimentos (os alunos). O educador age intencionalmente como um mediador entre os educandos e os conhecimentos, com vistas a que aqueles se apropriem destes como ferramentas para a sua prática social. Nesse momento os conhecimentos prévios se chocam com os conhecimentos escolares e formam uma síntese, que é pessoal e depende da ação individual para que ocorra, ou seja, é preciso querer aprender e se apropriar dos conhecimentos. Sendo assim, afirma Gasparin (2002, p. 53):

> [...] *os educandos, com auxílio e orientação do professor, apropriam-se do conhecimento socialmente produzido e sistematizado para enfrentar e responder aos problemas levantados. Dentro desta perspectiva, não mais se adquire o conteúdo por si mesmo; a apropriação dos conhecimentos ocorre no intuito de equacionar e/ou*

resolver, ainda que teoricamente, as questões sociais que desafiam o professor, os alunos e a sociedade.

Daí a especificidade da ação educativa na escola, ou seja, por meio da relação professor-aluno-conhecimento ocorre uma elevação do nível de compreensão dessa realidade e, consequentemente, a elevação do seu nível de enfrentamento. Esse, como afirma o autor, é o desafio da educação numa perspectiva dialética materialista, que é o campo no qual ele se encontra.

Gasparin (2002, p. 52) ainda enfatiza que na relação professor-aluno-conhecimento não há espaço para a neutralidade. Todos os elementos são determinados social e culturalmente e, portanto, carregam consigo as marcas desse processo de múltiplas determinações. O próprio processo de aprendizagem passa a ser determinado e, logo, assume as feições dessas determinações.

O **quarto** passo é a catarse, momento em que, depois da convivência com a prática social, a sua problematização e a aquisição dos conhecimentos pela instrumentalização, o educando incorpora os instrumentos apropriados ao longo do processo educativo e passa a utilizá-los na sua efetiva prática social. É o momento da síntese, como afirma Gasparin (2002).

Nesse momento, o educando mostra realmente que ele detém a compreensão de todo o processo de que participou. A sua compreensão da prática social, nesse instante, é superior à anterior, adquirida fora do processo educativo escolar. É superior porque é mais sintética, ainda que provisória. De acordo com Gasparin (2002, p. 128),

A catarse é a síntese do cotidiano e do científico, do teórico e do prático a que o educando chegou, marcando sua nova posição em relação ao conteúdo e à forma de sua construção social e sua reconstrução na escola. É a expressão teórica dessa postura mental do aluno que evidencia a elaboração da totalidade concreta em grau intelectual mais elevado de compreensão. Significa, outrossim, a conclusão, o resumo que ele faz do conteúdo aprendido recentemente. É o novo ponto teórico de chegada; a manifestação do novo conceito adquirido.

A catarse, como vemos, é o ápice, o momento culminante do processo de ensino-aprendizagem. Na verdade, é o ponto que dá sentido ao processo educativo nessa perspectiva histórico-crítica, pois é com a catarse que o educando reveste-se das possibilidades de atuar na prática social, transformando-a por meio dos instrumentos adquiridos na escola. No momento da catarse, sintetizam-se as contribuições teóricas e práticas, no sentido da totalidade concreta, como expressa o autor da citação anterior.

Para Saviani (1984), a catarse é a passagem da síncrese à síntese, ou seja, de uma visão de mundo menos apurada, mais vinculada ao senso comum, para uma visão nova, mais desenvolvida e sintética de mundo. Esse momento é muito diferente daquele que sempre foi (e ainda o é) cobrado dos alunos, para que decorem a matéria, e a prova, então, é o grande momento da mostra: será que o aluno aprendeu (decorou) a matéria? Aqui, na catarse, o aluno passa a carregar consigo, como uma segunda natureza, uma compreensão melhorada do mundo, algo que o acompanha e o constitui como indivíduo consciente na teoria e na ação na prática social.

Esse método dialético só tem sentido se no momento

catártico os alunos realmente se apropriarem dos conhecimentos curriculares como instrumentos para a prática social de forma consciente. Daí o rompimento com o conhecimento não sistematizado adquirido no cotidiano.

O **quinto** passo do método dialético é o retorno à prática social, o ponto de chegada. Aqui, os alunos supostamente superam o estágio sincrético de compreensão e se equiparam ao grau já supostamente encontrado no professor, no ponto de partida. Esse professor, por sua vez, após o processo, reduz cada vez mais a sua precariedade na síntese, melhorando sua compreensão, embora ela nunca se complete.

A própria prática social mudou depois do processo educativo anteriormente exposto, pois mudaram seus atores, professores e alunos. Eis o que é o papel específico da educação, ou seja, modificar os sujeitos da prática social, mas não diretamente a prática social. Esta, para ser modificada, precisa da atuação desses sujeitos, o que sugere desse contexto a concepção da "educação como mediadora no seio da prática social" (Saviani, 1984, p. 77).

A transformação da sociedade, como lembra Gramsci, depende do somatório do conhecimento e da vontade dos sujeitos em utilizar esses conhecimentos para a transformação. Vale a pena deixar o filósofo italiano falar:

A possibilidade não é a realidade, mas é, também ela, uma realidade: que o homem possa ou não fazer uma determinada coisa, isto tem importância na valorização daquilo que realmente se faz. Possibilidade quer dizer 'liberdade'. A medida de liberdade entra na definição do homem. Que existam as possibilidades objetivas de não se morrer de fome e que, mesmo assim, se morra de fome, é algo importante, ao que parece. Mas a existência de condições objetivas – ou possibilidade, ou liberdade – ainda não é suficiente: é necessário 'conhecê-las' e saber utilizá-las. Querer utilizá-las. O homem neste sentido é vontade concreta: isto é aplicação efetiva do querer abstrato ou do impulso vital aos meios concretos que realizam esta vontade. (Gramsci, 1978 citado por Oliveira; Duarte, 1986, p. 9-10)

Do mesmo modo como pronuncia o filósofo italiano podemos dizer da profissão de educador, ou seja, que os conhecimentos adquiridos ao longo da formação não são suficientes para uma ação libertadora, mas é preciso acrescentar aos conhecimentos a vontade de querer mudar. Transformar possibilidades em realidades é o papel do educador em nossa sociedade, e a da didática como mediadora é de extrema importância para a educação, como pretendemos ter demonstrado neste capítulo.

Síntese

Neste capítulo, vimos o contexto da didática em seu caráter histórico e social, caracterizados pelo seu movimento, seus pensadores e tendências. Apresentamos rapidamente o contexto atual das discussões da área e situamos o conceito principal da didática em cada tendência educacional.

Indicações culturais

- QUANDO tudo começa. Direção: Bertrand Tavernier. Produção: Alain Sarde Frédéric. França: BAC Filmes, 1999.
  Apresenta a emocionante luta de um professor buscando exercer seu papel de ensinar.
- SOCIEDADE dos Poetas Mortos. Direção: Peter Weir. Produção: Steven Haft. Estados Unidos da América: Buena Vista Pictures, 1989.
  Mostra um professor que desenvolve um trabalho revolucionário com seus alunos no campo da literatura.

Atividades de autoavaliação

1) Assinale a alternativa que explica corretamente o conceito de didática:
   a) A didática é mediadora, ou seja, é um campo que liga a teoria ocupacional à prática educativa; a sala de aula à totalidade social; o conteúdo à forma da educação, o professor ao aluno etc.
   b) A didática é mediadora entre o polo teórico (pedagogia) e o polo prático (educação) da atividade pedagógica.

Como ensinar, o que ensinar, quando ensinar e para quem ensinar são aspectos que, quando ligados à psicologia, estão impregnados dos pressupostos e diretrizes de uma determinada concepção de mundo que, por sua vez, nutre tal pedagogia.

c) O objeto da didática é o ensino exemplificado na aula, como um "meio" através do qual os atores da situação pedagógica se relacionam com o mundo e com os homens.

d) A didática abarca tanto o aspecto técnico da atuação profissional do professor quanto o aspecto político advindo da atuação profissional.

2) Assinale V (verdadeiro) ou F (falso) para as seguintes afirmações:

( ) O professor cumpre seu papel político na medida em que possui competência técnica pedagógica, ou seja, é no ato de educar, na sala de aula, que o professor demonstra, a partir do domínio do seu saber ou não saber, o seu papel político, com vistas a um projeto de educação libertadora ou reprodutora.

( ) A escola e, especificamente, a sala de aula, *locus* privilegiado da didática, não estão fora das transformações mais amplas e gerais da sociedade em que se encontram, e, como importante mediadora na prática educativa, a educação escolar é palco das disputas de projetos de hegemonia, que visam ou à supressão das igualdades, ou à sua manutenção.

( ) O conteúdo na didática se articula à prática social, sendo problematizado a partir de temas da realidade sociocultural; propõe o tratamento entre teoria e prática pedagógica, vai além dos métodos e das técnicas de ensino, articulando a didática vivida com a didática pensada; aborda o ensino em suas múltiplas dimensões.

( ) O grande desafio da didática atual é assumir que o método didático tem diferentes estruturantes e que o importante é articular as discussões da nova didática.

3) De acordo com o texto, assinale a alternativa que define corretamente o campo da didática:

a) A didática, ao contrário de outras áreas do conhecimento, definiu-se, logo de início, como um conjunto de princípios e normas de orientação de uma prática, ou seja, começou por onde as outras áreas terminaram. Constituiu-se por uma pesquisa progressista de autonomia, por meio de pesquisas e reflexão que conduzissem à identificação e à delimitação de sua especificidade.

b) Uma questão importante para a reflexão sobre a didática e o próprio processo educativo: o ensino não se reduz às matérias disciplinares, individualmente ou em conjunto. A educação é mais ampla e abarca configurações de hábitos, atitudes, valores, habilidades e práticas.

c) O campo da didática como aula é considerado como o fenômeno especificamente didático, o que significa ir além da concepção de didática como o estudo do processo de ensino-aprendizagem.

d) É possível pensar o campo da didática fora do campo da prática social, como fenômeno concreto, que tem como horizonte a recuperação social por meio da elaboração de práticas.

4) Assinale V (verdadeiro) ou F (falso) para as afirmações relacionadas à pedagogia histórico-crítica, à educação escolar e do conhecimento:

( ) É o provimento dos meios necessários para que os alunos não apenas assimilem o saber objetivo enquanto resultado, mas apreendam o processo de sua produção, bem como as tendências de sua transformação.

( ) O conteúdo implícito significa determinadas relações e ligações entre os objetivos específicos desenvolvidos pela instituição escolar.

( ) Trata-se da conversão do saber objetivo em saber escolar de modo a torná-lo assimilável pelos alunos no espaço e no tempo escolares.

( ) É a identificação das formas mais desenvolvidas em que se expressa o saber produzido historicamente, reconhecendo as condições de sua produção e compreendendo as suas principais manifestações, bem como as tendências atuais de transformação.

5) Assinale a alternativa que define corretamente o princípio da constituição humana:

a) Da maneira como os indivíduos manifestam sua vida assim o são. O que eles são, coincide, portanto, com sua produção, tanto com o que consomem como com o modo como produzem. O que os indivíduos são, por conseguinte, depende das condições sociais de sua produção.

b) A educação não pode ser entendida fora do processo histórico material, em que os homens, pelo seu trabalho, agem no espaço e reproduzem a sua existência.

c) A humanidade, ao longo de sua história, constitui-se pelo conjunto de produções que empreendeu, sejam produções materiais ou imateriais, objetivas ou subjetivas, na filosofia ou na ciência, na arte ou nas tradições, entre outras produções.

d) O ato educativo liga-se unilateralmente com a herança historicamente acumulada pelos homens e, mais que isso, tem como princípio humanizar as novas gerações através da transmissão dessa herança.

Atividades de aprendizagem

Questões para reflexão

1) Identifique nos filmes sugeridos as posturas didáticas dos personagens e os problemas enfrentados diante da realidade educacional e social da época retratada.
2) Discuta com seus colegas de trabalho sobre os procedimentos didáticos adotados por eles em seu cotidiano, analisando-os à luz das discussões apresentadas.

Atividade aplicada: prática

Procure saber que pessoas, em sua comunidade, cursaram o ensino superior em épocas distintas, por exemplo, nos anos 1980,

1970, 1960, e identifique com elas as tendências didáticas preponderantes em cada época e em cada curso.

abcdef *ghi* jklmnopqrstuvxz

abcdefghi $\quad j \; k \; l \quad$ *mnopqrstuvxz*

Capítulo segundo
Os elementos constitutivos da ação didática

*N*este capítulo, vamos tratar de quatro elementos fundamentais dentro da didática: objetivo, conteúdo, metodologia e avaliação. A questão referente à relação professor-aluno será apenas introduzida, visto que entendemos que esse é um tema intimamente vinculado ao processo de ensino-aprendizagem e será aprofundado no último capítulo que trata desse processo.

Partindo da definição de Martins (2002, p. 13), que coloca a "Didática como a disciplina que deverá compreender o processo de ensino em suas múltiplas determinações para, intervindo nele, transformá-lo, deixando de ser uma disciplina meramente instrumental", entendemos que, ao estudar os elementos constitutivos da didática enquanto seus elementos fundamentais, traçamos um caminho de superação da didática instrumental, na qual o que importava era apenas "como apagar um quadro corretamente" para o entendimento do ensino como processo humano, portanto, histórico, por em constante transformação. Processo este que, ao ser entendido em suas múltiplas determinações, quais sejam, sociais, econômicas, políticas, educacionais, entende o caráter social e histórico de onde se encontra.

Assim, ainda com Martins (2002, p. 13), vemos que o objetivo maior do estudo da didática é: "Oferecer novas alternativas superando a crítica e a simples constatação dos problemas enfrentados pelos professores, cuja luta é muito solitária, uma vez que lhes é negado o espaço para a reflexão de sua prática cotidiana com os demais colegas".

Sendo assim, neste capítulo, apresentaremos os elementos constitutivos da didática em articulação permanente com o processo educativo escolar por entendermos que é um processo sempre articulado à realidade social mais ampla, portanto, um processo que demanda o entendimento da realidade em que a escola e a didática, especificamente, estão inseridas.

2.1
O trabalho didático na escola e o planejar

A escola tem pautado a sua prática pela escolha entre duas posições distintas: ou o trabalho escolar é realizado a partir de uma teorização descolada da realidade, ou seja, como um discurso sobre, ou tem feito uma prática dita "criativa", "inovadora", que valoriza o fazer e não o pensar.

Essa postura demonstra um grande equívoco, pois a escola precisa assumir que o seu trabalho é essencialmente intelectual e científico. Isso não significa que seja descolado da realidade, muito pelo contrário. Realizar um trabalho intelectual sério pressupõe articulação entre o saber cotidiano e o conhecimento científico, pressupõe também o entendimento de que a criatividade não brota do nada, só se cria a partir do conhecimento. Existe um dito popular que afirma que uma maçã poderia cair em muitas cabeças, muitas vezes, mas de muito poucas sairia a Lei da Gravidade. Esse ditado popular expressa muito bem a clareza de que, se o indivíduo não estiver imbuído do conhecimento necessário para a formulação de uma determinada explicação, ela não acontecerá por mera obra do acaso. Nessa perspectiva fica claro que a "criação" e a "descoberta" são fruto do trabalho intelectual, que, por sua vez, decorre dos desafios que a materialidade concreta coloca aos homens a cada tempo histórico.

Assim sendo, os elementos constitutivos da didática – que são objetivos, conteúdos, metodologia e avaliação – precisam ser compreendidos a partir da noção de **totalidade**, enquanto compreensão das raízes históricas, políticas e sociais do processo educativo, pois a articulação entre esses elementos possibilita a percepção do todo do curso, da série, do projeto, enfim, da escola, compreendendo que o universo escolar está sempre vinculado intimamente ao universo social mais amplo, inclusive de maneira decisória.

Isso pressupõe um **planejamento**. Mas o que é planejar?

Em todas as esferas da vida humana planejar é, essencialmente, prever, antever o que se quer, o que se deseja.

Em educação, o planejamento implica, para além do desejo, uma ação sistemática do que se pretende. E a realidade é o primeiro aspecto a ser considerado quando se planeja. O entendimento do contexto real em que se encontra a disciplina, o curso, a escola é fundamental para o desenvolvimento do trabalho pedagógico. Planejar, como atividade intelectual, é uma atividade que a realidade exige e que, portanto, demanda pensar a totalidade em suas múltiplas relações e determinações, já que a articulação entre a realidade e o que se pretende com a disciplina ou curso é fundamental para o processo pedagógico.

Ainda além de atividade intelectual, outra característica importante do planejamento educacional é a dinamicidade, entendida como possibilidade. Por que possibilidade? Porque em educação trabalhamos com seres humanos que têm, em diferentes momentos históricos, diferentes necessidades e demandas. Isso não quer dizer que a cada turma o professor vá modificar totalmente a sua disciplina, alterando seus objetivos, mas significa que ele pode e deve fazer alterações sempre que forem necessárias com o cuidado de não perder de vista os objetivos e o contexto do curso e da escola. Eis aqui o espaço da possibilidade: nós, professores e gestores educacionais, planejamos anteriormente a partir do conhecimento da realidade, mas temos a possibilidade de adaptar o percurso conforme a necessidade. Isso significa o entendimento e a concordância de que o caminho se faz caminhando, porém de que sem a clareza do objetivo que se quer atingir não se chega a lugar algum.

Daí a importância de entendermos a articulação entre objetivos e avaliação, conteúdos e métodos. São esses elementos que constituem o planejamento e é o planejar a ação fundamental da didática. Quando dizemos que um professor é bastante didático ou que outro não tem didática nenhuma, estamos afirmando que algum desses elementos está faltando. Ele pode ter o domínio do conteúdo, mas não saber "passar"; outro pode trabalhar de maneira diversificada, mas não sabe bem quais são os reais objetivos de sua disciplina. Em todos esses exemplos percebemos que está faltando algum dos elementos constitutivos da didática.

Para entendermos o planejamento, seja de um curso, de uma disciplina ou de uma escola, de maneira mais ampla, é preciso que estejam claros alguns conceitos fundamentais que direcionam o processo educativo, ainda que em muitos casos os professores em geral não tenham consciência disso.

Comecemos então sempre com a pergunta clássica: qual é a concepção de homem, de sociedade e de escola que a sua escola possui? Por que isso é fundamental? Simplesmente porque são essas as concepções que determinarão os encaminhamentos pedagógicos de todo o trabalho escolar.

Usando mais uma vez outro dito popular, vamos exemplificar uma concepção também bem conhecida de educação e que tem orientado muitos professores em sua prática cotidiana: Quem acredita que "pau que nasce torto, morre torto" encaminha, mesmo que de forma inconsciente, o seu trabalho pedagógico dessa maneira, ou seja, está sempre afirmando: "Eu ensinei! Eles não aprenderam porque não conseguem mesmo, não adianta insistir!".

Não estamos negando que existam dificuldades reais de aprendizagem, mas aqui precisamos fazer um alerta para esse tipo de postura equivocada, inconsciente, que faz com que o trabalho do professor fique ainda mais frustrante e desgastante. Afinal, professor que é professor quer que seu aluno aprenda cada vez mais e melhor, certo?

Esclarecida a concepção de que homem queremos ajudar a formar, de que sociedade queremos construir e, como consequência, que escola queremos para as gerações futuras, partimos para o planejamento de nossa disciplina específica, sempre lembrando que ela faz parte de um curso, de uma série e de uma escola que está inserida em um contexto mais amplo que não podemos ignorar.

Um planejamento constitui-se de alguns elementos básicos: identificação, objetivos, conteúdos, metodologia, avaliação e, para o ensino superior, usamos ementa com o sentido de apresentar o que define a disciplina. Em um projeto de curso, a ementa explica cada disciplina, para que, por meio dela, o curso como um todo possa ser visualizado. A ementa é escrita pela instituição, já que é dela a responsabilidade pelo curso desenvolvido. Os professores responsáveis pela disciplina podem sugerir alterações e atualizações, porém a modificação ocorrerá após aprovação pelo colegiado do curso ou por instância equivalente ou superior.

Visualizamos um plano, por exemplo, nessa distribuição:

Identificação:

   Instituição –

   Curso –

   Disciplina –

   Ano, período ou unidade –

   Professor responsável –

   Carga horária –

Ementa (para o ensino superior):

Objetivo(s):

Conteúdos:

Metodologia:

Avaliação:

Cada instituição adota o modelo de plano que melhor atende ao seu projeto pedagógico; alguns modelos são mais detalhados e outros mais simples, porém todos apresentam esses elementos básicos, pois são eles que indicam o percurso pedagógico que será seguido pelo curso.

Discutiremos agora os elementos constitutivos do planejamento já expostos enquanto essenciais da didática e que são fundamentais para um bom trabalho pedagógico.

Os quatro elementos básicos, objetivos, conteúdos, metodologia e avaliação, serão aqui apresentados e discutidos a partir do conceito dialético de integração permanente e dinâmica, o que significa dizer que na realidade eles "acontecem" de maneira permanente e integrada e, quase sempre, quando isso não acontece, temos problemas, visto que a ação pedagógica exige um planejamento completo e constante. Veremos esses elementos a seguir.

2.2
Os objetivos e a avaliação da ação didática

Inicialmente definiremos objetivo e avaliação, para então tratarmos diretamente da articulação entre esses dois elementos.

- **Objetivo**: *"aquilo que se pretende alcançar quando se realiza uma ação; alvo; fim; propósito"*.
- **Avaliação**: *"ato ou efeito de avaliar (-se) [...] 3 apreciação ou conjectura sobre condições, extensão, intensidade, qualidade etc. de algo [...] 4 verificação que objetiva determinar a competência, o progresso etc. de um profissional, aluno etc."* (Houaiss; Villar, 2001)

Seguindo a definição, vemos que os objetivos direcionam a ação didática, daí sua importância fundamental para os profissionais da educação. Ao detalharmos essa questão, verificamos que entender a formulação adequada dos objetivos auxilia o processo educativo de maneira mais ampla, disso decorre então o necessário conhecimento de como se formula um objetivo.

Ao formular um objetivo, estabelecemos nossas prioridades, ou seja, listamos o que tem maior relevância e que precisa ser trabalhado em sala de aula. Sendo assim, precisamos ter a clareza do que é fundamental, em cada curso, em cada série, em cada contexto, nunca esquecendo o contexto social mais amplo em que nos inserimos. Cada professor precisa ter a clareza do que é essencial em sua disciplina para que os objetivos estabelecidos possam refletir o trabalho que será efetivado.

Normalmente se faz uma divisão entre objetivo ou objetivos gerais e objetivos específicos. O objetivo geral, como o próprio nome já indica, é sempre mais amplo, abrangendo o curso ou a disciplina na sua totalidade. Já os objetivos específicos dizem respeito às várias facetas ou especificidades do curso ou da disciplina que compõem a sua totalidade.

Vamos exemplificar utilizando o plano de uma disciplina específica, dentro de um curso de formação de professores:

Objetivo geral
- *Compreender as tarefas docentes e função do professor.*

Objetivos específicos
- *Analisar os diferentes momentos da organização do ensino: planejamento, execução e avaliação, e as implicações na sistematização do ensino;*
- *descrever, compreender e avaliar os procedimentos didáticos visando à interferência no cotidiano da sala de aula;*
- *sistematizar alternativas de práticas pedagógicas a serem implementadas no exercício da docência.*

Claro que a compreensão de toda a proposta de formação implícita ao curso exemplificado somente será compreendida quando lermos o plano com todos os seus elementos, mas são os objetivos que devem indicar o que realmente se pretende com a disciplina. Os conteúdos e a metodologia devem estar adequados a esses objetivos, caso contrário, como já afirmamos anteriormente, teremos problemas.

Um dos desafios que os profissionais da educação na educação infantil, no ensino fundamental e médio enfrentam na realidade escolar é o fato de que normalmente os objetivos de sua disciplina já estão predeterminados pela escola ou pelo livro didático (no ensino superior é a ementa que já se encontra colocada). Compreender em que medida isso contribui ou atrapalha o trabalho pedagógico é uma das tarefas e um dos desafios que se apresentam ao professor cotidianamente, pois, na perspectiva de que a construção de um projeto pedagógico coletivo é sempre mais emancipador, mas também sempre mais difícil, visto que a prática social a que estamos acostumados é a prática individualista.

Na didática, cuidamos com a questão que diz respeito aos verbos utilizados na formulação dos objetivos. Algumas correntes teóricas afirmam que não deveríamos colocar como objetivo a compreensão de algum conceito perante a dificuldade de avaliarmos se o aluno compreendeu ou não o mesmo, porém outra perspectiva aponta que, ao verificarmos, se o aluno usa o conceito de maneira apropriada, ele compreendeu. O consenso é que, se o aluno, por exemplo, consegue transferir a informação para algum outro contexto, se ele consegue estabelecer relações com outros conceitos e se ainda consegue exemplificar, temos a segurança de que ele compreendeu o conceito trabalhado. Nas ciências exatas talvez (talvez mesmo!) essa verificação seja mais fácil, mas, de maneira geral, esse é um processo que requer muita seriedade por parte do professor, já que é ele, em última instância, quem decide a vida escolar do seu aluno, por isso a clareza e a consciência do trabalho acadêmico são cada vez mais necessárias nos dias atuais.

Ao estabelecer ou conhecer os objetivos de sua disciplina, o professor estabelece a meta que pretende atingir após o trabalho realizado. Os objetivos, portanto, são uma projeção do que se quer realizar, do que se pretende conseguir.

Escrever ou adotar os objetivos de uma disciplina é, então, um exercício de projeção do que se deseja.

Os objetivos, na didática, assim como na vida de maneira geral, indicam o que queremos alcançar ao final de nossa jornada, e é por isso que aqui queremos discuti-los articulados à avaliação, pois somente depois de avaliar é que conseguiremos saber se atingimos ou não os objetivos estabelecidos. O que significa avaliar?

Vamos utilizar algumas reflexões de estudiosos sobre avaliação. Luckesi (1999, p. 43) indica que "[...] para não ser autoritária e conservadora, a avaliação tem a tarefa de ser diagnóstica, ou seja, deverá ser o instrumento dialético do avanço, terá de ser o instrumento da identificação de novos rumos".

Saviani (2000, p. 41) afirma que a avaliação que pretende desenvolver o caminho do conhecimento dentro da perspectiva emancipadora vai perguntar dentro da cotidianidade do aluno e na sua cultura; mais que ensinar e aprender um conhecimento, é preciso concretizá-lo no cotidiano, questionando, respondendo e avaliando, num trabalho desenvolvido por grupos e indivíduos que constroem o seu mundo e o fazem por si mesmos.

Lüdke e André (1986) apontam que o universo da avaliação escolar é simbólico e instituído pela cultura da mensuração, legitimado pela linguagem jurídica dos regimentos escolares, que, legalmente instituídos, funcionam como uma vasta rede e envolvem totalmente a escola. Hoffmann (2000) complementa toda essa discussão afirmando que avaliar nesse novo paradigma é dinamizar oportunidades de ação-reflexão, num acompanhamento permanente do professor, o qual deve propiciar ao aluno, em seu processo de aprendência, reflexões acerca do mundo, formando seres críticos, libertários e participativos na construção de verdades formuladas e reformuladas.

E ainda alerta que: "[...] conceber e nomear o 'fazer testes', o 'dar notas', por avaliação é uma atitude simplista e ingênua! Significa reduzir o processo avaliativo, de acompanhamento e ação com base na reflexão, a parcos instrumentos auxiliares desse processo, como se nomeássemos por bisturi um procedimento cirúrgico" (Hoffmann, 2000).

Todos esses autores indicam a importância da avaliação no processo educativo porque ele costuma ser o momento decisivo da vida escolar do aluno. Portanto, devemos perceber que uma avaliação eficiente, que pretenda ser também um momento de aprendizagem, precisa acontecer permanentemente durante todo o processo educativo e de maneira mais específica, no mínimo, abrangendo três aspectos: o aluno, o professor, o contexto.

Defendemos que uma avaliação que pretenda ser séria e comprometida com a aprendizagem efetiva estará vinculada a esses aspectos da seguinte maneira:

- **Avaliação do aluno**: vinculada à análise de como era esse aluno no início do processo e como ele se encontra no fim, em relação ao conteúdo essencial necessário para que ele possa prosseguir no processo.

- **Avaliação do professor**: vinculada ao desempenho efetivo realizado no processo.
- **Avaliação do contexto**: vinculada às condições concretas de efetivação das aulas, do curso em geral.

Quando conseguimos avaliar pelo menos esses aspectos temos a probabilidade menor de errar ou ser injustos com os alunos, visto que é o professor que acaba tendo a responsabilidade e o poder de decidir se o aluno continua ou não o seu processo educativo.

Voltemos ao exemplo utilizado de uma disciplina em um curso de formação de professores, se o objetivo estabelecido foi: "Compreender as tarefas docentes e função do professor".

Poderemos propor a seguinte avaliação: será realizado por meio de avaliação formal que expresse o conteúdo das reflexões realizadas, de proposições problemáticas e de instrumentalização da prática pedagógica e aprofundamento dos pressupostos teóricos. As elaborações constarão de realização de trabalhos em grupo e reflexões individuais. Os participantes deverão elaborar sínteses de leituras, planejamento de situação didática, relatórios em grupo e individual. No fim do curso, haverá um momento de prática pedagógica individual, garantindo assim a coerência entre o que propomos e o que verificamos ao final do processo.

Avaliar, segundo Luckesi (1999), é um processo que precisa articular-se ao processo educativo como um todo, pois a avaliação não tem nenhuma função quando focada em si mesma.

Disso decorre o entendimento de que a avaliação precisa ser elaborada a partir de critérios bem definidos, coerentes com a proposta pedagógica do curso e intimamente vinculada aos objetivos estabelecidos.

Luckesi (1999) afirma ainda que a avaliação tem sido entendida sob duas vertentes principais: uma conservadora, que propõe um trabalho avaliativo em função de um controle social e quase sempre punitivo e autoritário, e outra perspectiva emancipadora, que indica a avaliação como diagnóstico do processo, contemplando as aquisições cognitivas e também atitudinais.

Nessa perspectiva, avaliar é um momento do processo educativo que não pode estar desconectado do todo, visto que o andamento eficiente do processo precisa apontar constantemente a necessidade ou não de novos direcionamentos.

Um desafio que enfrentamos diz respeito às questões atitudinais dos profissionais que formamos. As propostas de formação dos profissionais apontam para um perfil que apresente atitudes, e não somente conhecimentos, e este é um dos maiores desafios que temos de enfrentar, visto que encontramos muitos profissionais que dominam a sua área com maestria, porém sem nenhuma ética, por exemplo. Essa é uma questão que diz respeito não só à didática, mas a toda organização social que tem se encaminhado nesse sentido.

Estabelecer os objetivos é, então, planejar e organizar o processo pedagógico, sem "inventar" o que se vai trabalhar na hora da aula. É pensar em quais os objetivos históricos devemos atingir e pensar no aluno como um ser histórico, portanto contextualizado, não esquecendo que esse planejamento de curso ou disciplina faz parte do projeto pedagógico da escola como um todo, que orienta toda a organização escolar.

Nesse contexto mais amplo é que professor e aluno têm a possibilidade de se tornarem sujeitos do processo, como atores e autores no sentido de responsáveis pelos papéis que desempenham na organização. Isso pressupõe uma atuação efetiva e uma mudança significativa, ou seja, o professor não utiliza mais apenas o livro didático como guia de sua ação pedagógica, ele pensa na sua tarefa e no que está desenvolvendo e planeja coletivamente, com a clareza de onde quer chegar.

Planejar enquanto uma ação intencional que exige sistematização é uma das atitudes fundamentais do processo educativo, daí a necessidade de "didaticamente" entendermos o seu processo.

2.3
O conteúdo e a metodologia do processo didático

Vamos agora discutir os outros dois elementos, também de maneira articulada: conteúdo e metodologia, observando que, no que diz respeito à metodologia, é preciso observar a distinção existente entre método e metodologia, técnicas e recursos.

A metodologia, no dizer de Martins (2002, p. 40), "[...] é a sistematização do ensino, constituída por métodos e técnicas [...] sendo o Método o elemento unificador e sistematizador do processo, que pressupõe uma orientação filosófica e as técnicas as instâncias intermediárias, ou seja, os componentes operacionais de cada proposta metodológica".

Esse entendimento é necessário porque os professores e as escolas em geral utilizam, muitas vezes, técnicas completamente desvinculadas de seu fundamento filosófico ou epistêmico. Martins (2002, p. 40) alerta que "[...] a técnica só adquire significado dentro das relações que estabelece no corpo da teoria a que está vinculada".

Ou seja, quando um professor planeja utilizar um centro de interesse, por exemplo, ele está apontando para o fato de que acredita que é necessário levar em consideração tudo o que seu aluno sabe, assim organizará o espaço educativo para o aluno criar e estudar fazendo suas próprias escolhas, interagindo com o material disponível.

Ao contrário, professores que acreditam que os seus alunos só podem aprender por meio de sua exposição oral não organizarão um centro de interesses ou outros trabalhos que dependam da iniciativa e do trabalho independente dos alunos.

É claro que precisamos contemporizar a questão da organização escolar mais ampla. A concepção do professor muitas vezes é diferente da concepção da escola, e esse conflito em determinados momentos será positivo, mas também poderá ser indicador de frustração, portanto devemos observar sempre o contexto mais amplo da organização escolar.

Isso porque, ao trabalhar com determinada estratégia ou determinada técnica, o professor, sem saber, pode estar colocando a perder todo o seu trabalho.

Como normalmente o professor encontra a proposta de trabalho de seu curso ou de sua disciplina já pronta, pois essa é uma das responsabilidades da instituição de ensino, ele acaba tendo um pequeno espaço de criação no momento de organizar o "como" trabalhar, ou seja, de todo o planejamento, é na metodologia que o professor encontra a possibilidade de escolha, de encaminhamento do seu trabalho, e é nesse momento em que ele corre o risco de escolher um encaminhamento metodológico que não seja o mais adequado ou o mais coerente com os seus fundamentos.

Capítulo segundo, página 87

Por isso a articulação entre o conteúdo e a metodologia é fundamental, e esta precisa ser estabelecida em função dos objetivos da disciplina, visto que a melhor ou a mais agradável técnica de ensino esvaziada de conteúdo não colabora em nada com o processo educativo, assim como um conteúdo trabalhado de forma equivocada também não proporciona ao aluno o conhecimento necessário.

Entendemos, portanto, que o conteúdo de uma disciplina é o conjunto de conceitos, informações e conhecimentos essenciais para a formação do profissional que se pretende. Ao relacionar o conteúdo de cada disciplina, observamos algumas questões:

- articulação do conteúdo da disciplina aos objetivos previamente estabelecidos;
- definição de critérios de seleção dos conteúdos;
- organização e sequência de trabalho.

A articulação aos objetivos é fundamental, visto que os conteúdos não podem ter um fim em si mesmos. Eles são parte essencial do planejamento e da ação didática e constituem o todo do processo, por essa razão não podem estar desvinculados ou isolados.

Em relação aos critérios de seleção, atendidos os objetivos, a seleção pauta-se pela validade desse conteúdo em face da ciência em geral, ou seja, há de se verificar se esse é um conteúdo estruturante ou complementar.

Essa verificação auxilia na determinação da organização e na sequência do trabalho a ser realizado. Em função de o desenvolvimento da ciência ser muito superior à capacidade que a escola, em seus diferentes níveis e modalidades, tem de trabalhá-los, é necessária a seleção do que se conhece como nexo explicativo, ou seja, do conceito fundamental ou do conhecimento que proporciona ao aluno a capacidade de compreensão do fenômeno estudado, de generalização e de indicação para a busca de novas informações, quando estas forem necessárias.

A ideia de que um conhecimento é sempre histórico – fruto do trabalho humano e, como tal, sujeito à temporalidade histórica, ou seja, um conhecimento pode ser mais ou menos transitório dependendo da produção científica que se faça na área – contribui para a clareza de que a seleção de conteúdos precisa estar atualizada com a produção científica. Isso, porém, não pode levar-nos à ideia equivocada de que, como transitório, o conhecimento não precisa ser garantido na escola.

Aliás, esse tem sido um grande problema nas instituições de ensino. Vinculada a uma organização social que transforma o conhecimento em mais uma mercadoria e esvaziada de sentido, a escola se perde e não consegue mais indicar o que é essencial aprender (Kuenzer, 1999).

Ao discutir a vinculação entre a teoria e a prática, Martins indica claramente a necessidade de ligação entre as duas, superando dessa forma o dualismo ineficiente que ora privilegia o conteúdo, ora privilegia a forma, ou método. Nas palavras da autora: "A teoria só adquire significado quando vinculada a uma problemática originada da prática e esta só pode ser transformada quando compreendida nas suas múltiplas determinações, nas suas raízes profundas, com o auxílio do saber sistematizado" (Martins, 2002).

Aqui optamos pelo entendimento de que conteúdo e metodologia perfazem uma unidade, já que priorizar um ou outro não é a melhor opção pedagógica. Desde Comenius (1966) a discussão sobre como articular conteúdo e forma tem perseguido os estudiosos e interessados nos processos educativos.

Com a *Didáctica magna*, Comenius (1966) aponta para a possibilidade de "ensinar tudo a todos", defendendo a possibilidade de que a didática seja

> *Um processo seguro e excelente de instruir, em todas as comunidades de qualquer Reino [...], cidades e aldeias, escolas tais que toda a juventude de um e de outro sexo, sem exceptuar ninguém em parte alguma, possa ser formada nos estudos, educada nos bons costumes, impregnada de piedade, e, desta maneira, possa ser, nos anos da puberdade, instruída em tudo o que diz respeito à vida presente e à futura, com economia de tempo e de fadiga, com agrado e solidez.*

Essa citação de Comenius data de antes de 1841 e nos mostra que a preocupacão com o que é necessário e com a melhor forma de ensinar acompanha a humanidade há bastante tempo.

Outra questão precisa ser destacada do texto de Comenius. Ele se propõe o desafio de apontar um método eficiente, agradável, sem distinção entre as pessoas, "[...] em tudo o que diz respeito à vida presente e futura" (Comenius, 1966), indicando que o conteúdo já está previamente definido, é o que se precisa para a vida presente e futura o que aponta para o desafio que até os nossos dias enfrentamos em nossas escolas: o desafio de ensinar e aprender o que é importante e necessário e de uma maneira agradável. Agradável aqui não pode ser confundido com leviano. O esforço do aprendizado, a conquista de um determinado conhecimento é, com certeza, uma conquista prazerosa, ainda que demande de nós um esforço em maior ou menor intensidade.

Um dos equívocos mais comuns da escola é achar que para ser bom não se deve exigir esforço. Com isso perdemos uma das funções mais importantes da intelectualização: a função de desenvolvimento, de humanização. Somente o homem é capaz de desenvolver, ampliar sua capacidade intelectiva. Aliás, os limites dessa potencialidade até hoje são desconhecidos da neuropsicologia, então como pode a escola abrir mão dessa possibilidade em nome de um suposto bem-estar?

Muitas vezes, o professor faz o trabalho dentro da sala de aula, sozinho, angustiado, e às vezes a coordenação faz a prova, o que prejudica o trabalho com os alunos. O professor do ensino fundamental tem um contato muito maior com os seus alunos, conhece-os melhor e por isso mesmo sente dificuldade com as avaliações externas, pois em algumas situações é o conteúdo dessa avaliação que determina o que o professor vai ensinar na escola.

A positividade desse procedimento é, sem dúvida, a busca pela unicidade do ensino e a tentativa de superação dos problemas educacionais. A grande questão que se coloca é que essa estratégia parece não estar sendo efetiva, visto que os índices apresentados nas avaliações educacionais, ainda que com algumas distorções, como Prova Brasil, Enem e Enade, continuam apontando problemas estruturais conforme os estudos (Abicalil, 2002; Confederação Nacional dos Trabalhadores em Educação, 1999, 2001; Marchelli, 2007) recentes na área.

Então, na escola, cabe ao professor repensar sua prática no coletivo institucional, da comunidade, entendendo a educação como um compromisso de todos. Daí a importância da organização criteriosa do processo pedagógico e do processo coletivo.

A imagem desse coletivo representa o objetivo da escola como um elemento fundamental para clarificar nossas funções e o que queremos atingir. É por meio do coletivo da escola, dos professores, da equipe pedagógica e administrativa, dos alunos e dos pais que poderemos entender as dimensões humanas envolvidas no ato de aprender e de ensinar. Essa é a possibilidade do mais amplo conhecimento a que se quer chegar: que o aluno aprenda.

Nessa perspectiva, não aceitamos mais na escola e na didática o ser humano dividido entre um ser que pensa e outro que simplesmente executa. Essa divisão só tem sentido em algumas situações escolares, quando a relação entre os envolvidos consegue devolver a unidade, garantindo a todos o alcance dos objetivos comuns.

O cotidiano escolar exige que o professor tenha os objetivos educacionais bem claros e predefinidos, porém o que temos observado no cotidiano das escolas é que alguns professores não identificam com clareza a razão de sua insatisfação no trabalho, não percebendo que às vezes o motivo está diretamente vinculado à falta de planejamento, ou porque não considera isso importante, ou porque o recebe pronto.

O planejamento está diretamente vinculado ao que ocorre em sala de aula e é determinante do processo de ensino- -aprendizagem, pois, diante dos vários desafios que o professor enfrenta cotidianamente – como aluno desinteressado, excesso de alunos em sala de aula e programas muito extensos –, o bom planejamento, ou seja, um planejamento que considere essas variáveis, o contexto maior da escola, das concepções educacionais e da sociedade mais ampla será um subsídio valioso para o professor. Mais do que uma simples ferramenta de trabalho, o planejamento aparece como uma possibilidade de realização de um trabalho criativo, realizador e humanizador.

Ao enfrentar algum tipo de problema em sala de aula, como a indisciplina dos alunos, todos os fatores do contexto escolar devem ser contemporizados, visto que em determinadas situações a falta do próprio conteúdo a ser trabalhado proporciona essa situação. Quando o professor percebe que não vai ter tempo, que não consegue realizar um trabalho diferenciado ou ainda que não tem espaço para esse tipo de atividade, ele consegue, ao menos, ter consciência de que o processo foi interrompido ou insatisfatório a partir de tal ou tal questão. Isso garante ao educador uma perspectiva de se tornar sujeito do processo educativo e somente depois dessa tomada de consciência é que ele poderá procurar os meios necessários para fazer com que o aluno também se torne sujeito nesse processo.

O docente pensa em uma aula diferente, mas na realidade não consegue fazer. Cabe então a reflexão, a análise, a avaliação da realidade para se fazer o que Gramsci (1978) indicou: análise concreta de situação concreta. Ele deve localizar os problemas, analisar como a situação ocorreu e propor novas estratégias de ação eficientes para o aprendizado dos alunos, já que esse é o maior objetivo da escola.

Diante desse objetivo – garantir o aprendizado do aluno –, a responsabilidade do professor fica gigantesca, e é preciso ter a consciência de que todas as vezes que abrimos mão do trabalho científico sério, sem preconceitos ou julgamentos em sala de aula, estamos apenas mantendo as coisas como elas estão, sem uma preocupação com o ensino e com o aprendizado do aluno.

Infelizmente, em muitas situações escolares, o livro didático acaba realizando todo o planejamento do professor, fazendo com que ele se transforme em uma "amarra" do processo pedagógico. É claro que existem excelentes livros, mas também existem os ruins. Temos de nos preocupar com essa questão, visto que grande parcela da população escolar brasileira tem somente acesso a esse tipo de livro, não frequentando bibliotecas ou comprando outros tipos de livros. Isso requer da escola um trabalho maior de escolha dos melhores livros para que o trabalho pedagógico seja enriquecido com mais esse material.

Dentro desse contexto, o que buscamos é a construção de uma didática em que o professor encontre espaço para modificação de seu cotidiano, entendendo os desafios e as possibilidades que se apresentam para melhorar sua ação educativa. A realidade observada no cotidiano das escolas tem mostrado que o professor que vai em busca de uma prática interativa, não seguindo simplesmente o livro didático, mas utilizando-o como apoio, tem um maior aproveitamento.

As nossas conquistas educacionais estão sempre na superação dos desafios. Dentro da sala de aula, esses desafios se colocam com toda a força social a que estão vinculados, e não podemos negar a realidade que entra em nossa sala todos os dias. Nisso está a riqueza de nossa profissão, a nossa contribuição para a realização da humanização de nossos alunos e nisso reside também nossas dores e nossas frustrações.

Então, analisar concretamente a realidade escolar pressupõe entender as múltiplas relações presentes nesse contexto, observando a realidade de cada aluno, buscando ampliar partir do que ele já sabe e levá-lo além.

Quando Saviani (2000) escreve e propõe "[...] do senso comum à consciência filosófica", a ideia é justamente esse salto qualitativo do conhecido para o desconhecido, do mais simples para o mais complexo, garantindo assim a efetividade da função da escola, pois, em nossa sociedade "[...] cada vez mais letrada, urbana, industrial e globalizada" (Romanowski, 2006, p. 101), as exigências de aquisição de conhecimentos colocam a escola como espaço fundamental.

Porém, esse espaço apresenta várias contradições, presentes na sociedade de maneira mais ampla. Então, conforme Castanho (2006, p. 38),

> *Algumas perguntas devem ser feitas. Quais são as dimensões da existência humana envolvidas com a educação e, pois, com seus objetivos? A que interesses fundamentais dessa existência liga-se a educação a ponto de se converter no centro de tão acerba disputa? Que tipos de objetivos educacionais podemos entrever, ligados a essas dimensões e a esses interesses? Em que níveis da existência social manifestam-se eles? Quais são as instâncias correspondentes a esses níveis? Como e com base em que pressupostos se dá a formulação dos objetivos educacionais nos diferentes níveis e instâncias sociais?*

Isso é para relembrarmos que a organização do processo educativo, ao considerar todo o contexto social, pressupõe o entendimento das múltiplas determinações sociais a que estão sujeitos os homens nesta sociedade e que são os objetivos estabelecidos para o trabalho pedagógico a mola propulsora deste.

2.4
A relação professor-aluno-conhecimento

Agora vamos discutir rapidamente outro elemento constitutivo da didática e que diz respeito à essência do processo educativo: a relação professor-aluno-conhecimento.

Primeiro é preciso esclarecer que dentro do espaço educativo essa relação somente tem sentido e razão de existir a partir da vinculação com o conhecimento. Então aqui vamos discutir essa relação articulando estes três vértices: professor-aluno--conhecimento.

Como característica indicadora de tendência pedagógica, essa relação que articula três elementos evidencia concepções e perspectivas de sociedade e de escola. A forma como essa relação se estabelece dentro das instituições escolares e, mais especificamente, nas salas de aula demonstra o que pensam e o que querem professores, educadores em geral e alunos, visto que cada um desses sujeitos demonstra sua concepção agindo nessa relação. Assim: "Entender o processo didático implica vincular professor e aluno, mediado pelo conhecimento e permeado pelas intencionalidades sociopolíticas e pedagógicas, analisando criteriosamente cada uma das dimensões e quais seus significados" (Veiga, 2004, p. 13).

Ou seja, significa entender que essa relação se constitui e é constituída como um elemento fundamental da ação didática, pois ela articula em si todos os outros elementos. É nessa relação que se manifestam os objetivos, as finalidades e as perspectivas educacionais como um todo. Ao perguntar-se "O que fazer para melhorar meu ensino?", "Como trabalhar hoje determinado conteúdo?" ou, ainda, "Qual a melhor forma de ensinar?", o professor evidencia que a relação pedagógica gira em torno da relação professor-aluno-conhecimento e, como bem explicita Veiga na citação anterior, essa relação é sempre permeada pelos objetivos e pelo contexto social e pedagógico.

Síntese

Neste capítulo vimos os elementos constitutivos da didática sob a perspectiva de articulação permanente: objetivos, avaliação, conteúdo e método, entendendo que esses elementos são determinados de forma mais ampla pela constituição social em que encontra a escola. Assim, a compreensão dos objetivos educacionais pressupõe o entendimento das determinações sociais mais amplas e das múltiplas determinações a que estão sujeitos os indivíduos escolares. Também discutimos rapidamente a questão do livro didático e, por último, a relação professor-aluno-conhecimento.

Cabe ressaltar que todos esses elementos articulam-se no planejamento, que é uma ação intencional, indispensável para o bom desenvolvimento do trabalho educacional.

Indicações culturais

- AO MESTRE com carinho. Direção: James Clavell. Produção: Columbia. Estados Unidos da América: Columbia Home Vídeo, 1996.
Apresenta uma sala de aula de uma escola que não valoriza o conhecimento e o esforço de um professor para implantar as mudanças necessárias ao desenvolvimento de seus alunos.
- O SORRISO de Monalisa. Direção: Mike Newell. Produção: Columbia. Estados Unidos da América: Columbia Pictures, 2003.
Apresenta as dificuldades enfrentadas por uma jovem professora, ao propor um ensino diferenciado da concepção vigente em uma escola para moças.

Atividades de autoavaliação

1) Faça a relação entre as colunas e depois assinale a alternativa que corresponde à sequência correta:

   I) Os objetivos ajudam na direção didática.

   II) Os objetivos auxiliam no desenvolvimento e na formulação do plano de aula. Estão divididos em objetivo geral e objetivos específicos.

   III) O objetivo geral é mais amplo, abrangendo o curso ou a disciplina na sua totalidade, sendo importante para orientar o professor.

   IV) O objetivo não é importante no planejamento, porque, dependendo do tema a ser estudado, não é necessário atingir um objetivo.

   a) Somente I e II estão corretas.
   b) Somente I, II e III estão corretas.
   c) Somente I, II e IV estão corretas.
   d) Todas as alternativas estão corretas.

2) Sobre os conteúdos é correto afirmar:
   a) Os conteúdos devem surgir no decorrer da aula.
   b) Os alunos e o professor devem seguir sempre o conteúdo proposto no livro didático, sem alterar a sua ordem ou utilizar outras fontes de pesquisa.
   c) O conteúdo deve ter articulação com os objetivos e é parte do planejamento e da ação didática.
   d) Quanto mais conteúdos, mais aprendizado ocorre, independente da metodologia utilizada e dos objetivos a serem atingidos.

3) Durante a preparação de um plano de aula, o método é essencial no processo de ensino-aprendizagem. De acordo com o que estudamos, assinale a alternativa correta:
a) O professor deve utilizar sempre o mesmo método de ensino durante as aulas, para facilitar o aprendizado do aluno.
b) A preocupação com a melhor forma de ensinar surgiu em 1996 com a nova LDB.
c) O método utilizado para ensinar deve ser sempre o mais rápido e fácil para o aluno, independente de sua intelectualização.
d) É na metodologia que o professor encontra espaço para encaminhar as aulas, articulando sempre a metodologia e o conteúdo.

4) A avaliação é parte importante no processo educativo do aluno. De acordo com essa afirmação, assinale a alternativa que **não** corresponde ao processo de avaliação:
a) A avaliação também é um processo de aprendizagem e precisa acontecer permanentemente durante o processo educativo, abrangendo três aspectos: o aluno, o professor e o contexto.
b) A avaliação do aluno mostra o quanto ele adquiriu de conhecimento durante o processo de ensino; a avaliação do professor analisa seu desempenho; a avaliação do método mostra as condições concretas das aulas em geral.
c) A avaliação deve ser feita apenas para decidir se o aluno continua com o seu processo educativo ou não.

d) A avaliação deve ser elaborada de acordo com a proposta pedagógica do curso, vinculada aos objetivos estabelecidos.

5) Na relação professor-aluno-conhecimento, podemos afirmar:
a) Entender o processo didático não implica vincular professor e aluno, mediado pelo conhecimento e permeado pelas intencionalidades sociopolíticas e pedagógicas.
b) A relação professor-aluno-conhecimento se estabelece dentro das instituições escolares, mais especificamente dentro das salas de aula.
c) A relação professor-aluno-conhecimento não é importante dentro da escola, uma vez que essa relação nem sempre é permeada pelos conceitos sociais e pedagógicos.
d) É na relação professor-aluno que os objetivos se manifestam separadamente dos métodos e da avaliação, mostrando que não existe articulação entre esses elementos.

Atividades de aprendizagem

Questões para reflexão

1) Identifique nos filmes sugeridos as mudanças didáticas implantadas e procure indicar a intencionalidade de cada uma delas, dentro do contexto social mais amplo.
2) Produza um texto reflexivo relatando a sua percepção a respeito das mudanças didáticas ocorridas em sua vida acadêmica desde o ensino fundamental. Explore as ideias de como você percebe essas mudanças em cada nível de ensino.

Atividade aplicada: prática

Faça um levantamento em sua família, em seu local de trabalho ou em sua comunidade de como a escolarização tem acontecido. Quais as relações pedagógicas predominantes, quais os aspectos que mais ficam evidenciados nessas relações e qual é o conceito predominante de escola?

abcdefghijkl *m n o* pqrstuvxz

a b c d e f g h i j k l m n o   *p q r*   *s t u v x z*

Capítulo terceiro
A relação ensino-aprendizagem

*N*este capítulo, trataremos de um dos elementos mais significativos e importantes da didática: a relação ensino-aprendizagem. Muitos autores têm discutido essa questão e, como apresentamos no primeiro capítulo, essa relação também caracteriza as diferentes concepções didático-pedagógicas, visto que em alguns momentos a ênfase ficou sob o ensino e em outros sob a aprendizagem. O que hoje se sabe é um grande equívoco, já que ensino e aprendizagem formam uma relação contínua.

3.1
Concepção afirmativa do ato de ensinar

É na relação ensino-aprendizagem e, mais especificamente, no sucesso desta última que toda didática ganha sentido. O ato educativo tem como característica a intencionalidade, ou seja, é uma ação proposital que visa a um fim, o qual, por sua vez, depende das concepções dos atores presentes no ato educativo. Como já foi dito anteriormente, defendemos aqui que a educação tem o propósito de humanizar as novas gerações, partindo do pressuposto de que a humanidade nos homens não é dada naturalmente, mas é produzida histórica e socialmente (Saviani, 2000).

Segundo Veiga (2006), são quatro os elementos envolvidos no processo didático: ensinar, aprender, pesquisa e avaliação. O primeiro elemento pertence, principalmente, à tarefa do professor. O segundo, aprender, é uma necessidade especialmente do aluno. A pesquisa é inerente ao processo, envolvendo a ação docente e discente. Por último, a avaliação do processo é necessidade elementar para a averiguação do seu sucesso ou fracasso, das fragilidades e lições do processo educativo.

No ato educativo escolar, subordinadas ao ensino-aprendizagem, estão em evidência pessoas, sujeitos, os quais devem ser considerados na perspectiva que se adota para o debate da temática aqui tratada. O que é o professor? Como esse profissional deve ser formado? Quais suas competências para o magistério? Qual o seu papel político e técnico? E quem é o aluno? Qual o perfil de formação se quer desse aluno ao completar o ciclo de educação? Para que e por que formá-lo? Essas e outras importantes questões embasam e permeiam a prática docente e a didática.

A concepção que vem sendo adotada até aqui leva-nos a entender o ensino como um trabalho, parte do trabalho educativo, segundo a ideia de Saviani já citada. Vejamos agora, levando em conta as percepções já abordadas anteriormente, o que esse autor entende como propósitos da educação. "Assim, o objeto da educação diz respeito, de um lado, à identificação dos elementos culturais que precisam ser assimilados pelos indivíduos da espécie humana para que eles se tornem humanos e, de outro lado e concomitantemente, à descoberta das formas mais adequadas para atingir esse objetivo" (2000, p. 11).

Pelo exposto, é preciso avançar na concepção de que a educação é a formação, no indivíduo particular, da humanidade e adentrar no universo das questões relativas ao ensino, o que no trecho citado se traduz pelos "elementos culturais que precisam ser assimilados pelos indivíduos da espécie humana para que eles se tornem humanos". Esses elementos da cultura humana estão objetivados, na educação escolar, nas concepções curriculares que cada sistema educativo adota. É no currículo que se desenham as concepções relativas ao universo dos conhecimentos a serem socializados e, por outro lado, os efeitos desses conhecimentos no processo de formação do indivíduo que se quer ter formado.

Duas ordens de questões surgem como resultado do que foi dito. Por um lado, ao pensarmos na formação humana por meio do ensino, uma concepção histórico-crítica de educação mira, como objetivo, no que há de mais avançado em termos de formação humana até então alcançada, ou seja, as maiores possibilidades humanas conquistadas, segundo a concepção gramsciana já vista. De outro lado, ao pensarmos nos elementos culturais para a humanização, essa concepção de educação visa, como objetivo, à socialização daqueles conhecimentos mais avançados, que refletiram verdadeiramente em conquistas do gênero humano, o que significa democratizar o que há de mais avançado na cultura humana por meio da escola.

Estão traçados aí os elementos primordiais de uma concepção de ensino que leva em consideração a formação humana mais avançada mediante a socialização dos conhecimentos.

A segunda parte da citação, que diz respeito aos melhores meios de alcançar o objetivo da humanização dos homens pela educação, refere-se à questão da intencionalidade do ato educativo, expresso no início deste capítulo. O fato de ter a intenção de ensinar, ou seja, de proporcionar, pela educação, a formação da humanidade nos homens, distingue, em primeiro lugar, a educação escolar das outras formas de educação espontâneas, não sistematizadas, preponderantes na maior parte da história.

Duarte (1998), ao tratar da intencionalidade do trabalho educativo na concepção histórico-crítica da educação, faz isso como um valor afirmativo do ato de ensinar, o que significa dizer que nessa concepção o ensino como socialização do conhecimento, visando à formação da humanidade nos homens, é uma tarefa positiva da escola e deve por isso ser defendida. Para esse autor, inspirado em Saviani (1984 citado por Duarte, 1998), essa positividade deve ser afirmada contra as correntes que colocam uma carga negativa no ato de ensinar, especialmente quando ele é voltado para o ensino de conteúdos e para a transmissão de conhecimentos. Como essa discussão do autor envolve a crítica às concepções escolanovistas e construtivistas da educação e, como estas já foram tratadas anteriormente, não será necessário repetir as críticas por ele formuladas.

Vale apenas ressaltar que ambas as concepções, ao valorizarem como superiores os conhecimentos construídos autonomamente sobre aqueles conhecimentos adquiridos pela transmissão por outros, no caso o professor, valorizam negativamente o ato de ensinar segundo o ponto de vista aqui exposto. Ao contrário dessa concepção negativa do ato de ensinar, Duarte, para reafirmar sua posição, recorre a Luria (1979 citado por Duarte, 1998):

Diferentemente do animal, cujo comportamento tem apenas duas fontes – 1) os programas hereditários de comportamento, subjacentes no genótipo e 2) os resultados da experiência individual –, a atividade consciente do homem possui ainda uma terceira fonte:

a grande maioria dos conhecimentos e habilidades do homem se forma por meio da assimilação da experiência de toda a humanidade, acumulada no processo da história social e transmissível no processo de aprendizagem. [...] a grande maioria de conhecimentos, habilidades e procedimentos do comportamento de que dispõe o homem não são o resultado de sua experiência própria, mas adquiridos pela assimilação da experiência histórico-social de gerações. Este traço diferencia radicalmente a atividade consciente do homem do comportamento animal.

Recorrendo à concepção histórico-social da psicologia, Duarte (1998) defende, com Luria, que, se o que diferencia o homem dos outros animais é justamente sua capacidade de assimilar as experiências acumuladas pela humanidade no processo de ensino e aprendizagem – no caso em tela, é realizado pela educação escolar –, o ato de ensinar somente pode ganhar peso positivo, pois a aposta no sucesso desse processo é a aposta na própria condição humana de aprender experiências acumuladas, algo inexistente em qualquer outro ser vivo.

3.2
A transposição didática e o ensino

Partindo para uma outra perspectiva, consideraremos a aula como um momento "[...] no qual encontram-se [sic], sistematizados pelo professor, os conhecimentos a serem aprendidos pelos alunos" (Valdemarin, 1998). A mesma autora afirma, em seguida, que os conhecimentos a serem sistematizados pelo professor e transmitidos aos alunos são provenientes da atividade científica, que é caracterizada justamente por produzir novos conhecimentos, com base em critérios rigorosos e objetivos, sem, claro, descaracterizá-la como atividade socialmente determinada e, logo, pautada pelas dinâmicas inerentes às contradições da sociedade em que se estabelece (Valdemarin, 1998).

O ato de ensinar, para a autora, além de envolver o conhecimento científico adequado ao ensino pela escola (transposição didática), envolve também os métodos para que esse conhecimento possa ser transmitido e apropriado pelos alunos. Desse modo, Valdemarin aproxima-se de Chervel (1990, p. 180-181):

Estima-se ordinariamente, de fato, que os conteúdos de ensino são impostos como tais à escola pela sociedade que a rodeia e pela cultura na qual ela se banha. Na opinião comum, a escola ensina as ciências, as quais fizeram suas comprovações em outro local. Ela ensina a gramática porque a gramática, criação secular dos linguistas, expressa a verdade da língua; ela ensina as ciências exatas, como a matemática, e quando ela se envolve com a matemática moderna é, pensa-se, porque acaba de ocorrer uma revolução na ciência matemática; [...] a tarefa dos pedagogos, supõe-se, consiste em arranjar os métodos de modo que eles permitam que os alunos assimilem o mais rápido possível e o melhor possível a maior porção possível da ciência de referência.

Para Chervel (1990), portanto, a atividade escolar é diferenciada da atividade científica propriamente dita. Cabe à escola o ensino de conteúdos produzidos em outra instância, como nos centros de pesquisas, nas universidades, entre outros. Assim, a especificidade da atividade pedagógica é o trabalho com os métodos que permitam que os alunos possam assimilar os conhecimentos por outros produzidos.

O que acontece na escola, afirma Valdemarin (1998), é algo diferente do que ocorre no âmbito da ciência. Na atividade escolar envolvem-se professores, seus métodos e conhecimentos, alunos e a própria instituição escolar, além do próprio conhecimento a ser transmitido. Esse conjunto acaba por desenvolver um saber específico da escola, um novo tipo de saber, que alguns autores denominam de *transposição didática*▾.

O ato de ensinar, portanto, não pode prescindir da reflexão sobre os motivos que levam a caracterizar um determinado número de conteúdos, e aqueles especificamente como os escolhidos para se transformarem em conteúdos escolares. Valdemarin (1998), refletindo sobre os conhecimentos científicos que se transformam em conteúdos escolares, ressalta que estes não são escolhidos pela sua aura de neutralidade, objetividade e verdade. Ao contrário, é o fato de serem uma construção social e estarem vinculados a um projeto social específico a cada momento histórico que dá aos conhecimentos científicos o *status* de conhecimento escolar.

Chervel desenvolve um raciocínio sobre o ensino como uma forma específica de saber, traduzido no que designou de "discurso pedagógico", cuja prática é viabilizada pela transposição didática. Nas suas palavras:

> *O saber escolar é sempre balizado e mediatizado pela idade do aluno, diferenciando, a partir da possibilidade de compreensão e elaboração*

▾

O termo *transposição didática* foi cunhado primeiramente por Yves Chevallard (1991), na década de 1980, em um livro com o mesmo nome. Ainda os franceses André Chervel (1990), na área das disciplinas escolares, e Jean Claude Forquin (1993), que trabalha a cultura escolar, são autores básicos para a compreensão da transposição didática.

Capítulo terceiro, página 111

dos dados informados, as fases caracterizadoras do processo cognitivo. Esta adequação pode ser verificada também na seriação e na estruturação dos graus do ensino, que pretendem, por meio de simbiose, entrelaçar o desenvolvimento psicológico e as exigências culturais de socialização colocando 'um conteúdo de instrução a serviço de uma finalidade educativa'. (Chervel, 1990, p. 188)

De acordo com Valdemarin (1998),

O saber escolar está, então, intimamente ligado à atividade de construir significados assimiláveis pelo aluno, fazendo uso da razão, do raciocínio normalizado, organizando o conhecimento numa sequência compreensível, que deverá ser fixada por exercícios que visem estimular e fixar a aprendizagem, tendo por objetivo a manutenção da cultura, como decorrência da manutenção da sociedade.

Fica nítida a complexidade abrangida no processo do ensino, que envolve o conhecimento desde a psicologia do desenvolvimento da criança, passando pelas determinações sociais (conteúdo a serviço de uma finalidade) e especificamente didáticas, como a sequência dos conteúdos. Esse complexo delineado pela autora é, verdadeiramente, algo único, uma produção especificamente escolar.

No espaço e no tempo da aula, o professor tem como trabalho transformar os conhecimentos científicos adotados no currículo em conhecimentos a serem transmitidos e assimilados; construir exercícios, sequências didáticas razoáveis etc., o que torna a tarefa de ensinar igualmente complexa. Vale a pena citar Perrenoud (1993, p. 24), para melhor explicitar essa posição:

[...] importa assinalar que o saber, para ser ensinado, adquirido e avaliado sofre transformações: segmentação, cortes, progressão, simplificação, tradução em lições, aulas e exercícios, organização a partir de materiais pré-construídos (manuais, brochuras, fichas). Além disso, deve inscrever-se num contrato didático viável, que fixa o estatuto do saber, da ignorância, do erro, do esforço, da atenção, da originalidade, das perguntas e respostas.

Uma das questões a serem levadas em conta pelo professor é a transformação do conhecimento científico para a sua socialização na sala de aula. Entre o conhecimento científico e o escolar há uma semelhança no ponto de partida, ou seja, ambos estão imersos na prática social. Mas as semelhanças param por aí, pois as formas e os procedimentos em ambos os casos são diferenciados.

Mesmo que a ciência parta da análise de problemas cotidianos socialmente relevantes, a sua lógica, princípios, conceitos e linguagem são diferenciados em relação a esse cotidiano. A lógica científica é a lógica da especialização. Há, portanto, uma separação entre o cotidiano e a ciência, como duas formas distintas de conhecimento. Tal posição é defendida tanto por teóricos não alinhados ao materialismo histórico, como Gaston Bachelard, quanto por autores como Saviani e Duarte, na formulação da teoria histórico-crítica da educação, cuja base teórica assenta-se no marxismo.

O conhecimento escolar busca reordenar os conhecimentos específicos da ciência num todo ordenado, coerente e compreensível para os alunos. O conhecimento escolar não visa ao aprofundamento do conhecimento científico, mas o conhecimento de suas bases gerais. É de tal importância a compreensão da especificidade do conhecimento escolar que a própria Lei de Diretrizes e Bases da Educação Nacional (Brasil, 1996) a traz impressa (ver art. 32, inciso II; art. 35, inciso IV).

Valdemarin aponta outro elemento importante para a compreensão do processo de ensino e sua vinculação com o conhecimento científico: é uma inversão da especialização da ciência na sua transposição didática para a transmissão na escola. Assim afirma a autora:

Por meio da especialização, a ciência constrói e refina seus conceitos que, ao serem transmitidos pela escola, vão sofrer um processo inverso, isto é, devem novamente adquirir referências com a realidade, a fim de serem compreendidos e traduzidos numa linguagem cotidiana. O saber escolar não está dedicado à transmissão das novas descobertas científicas e, quando o faz, é para situá-las num contexto já conhecido pelo aluno. A transmissão da ciência pela escola centra-se na questão dos princípios fundadores da cada área do conhecimento, ou nos processos metodológicos e intelectuais que lhes são próprios. (Valdemarin, 1998)

Voltamos, aqui, ao já comentado processo complexo dado ao trabalho docente na elaboração da aula. É nesse momento que o professor realiza seu trabalho, baseado na possibilidade de realizar, na prática, o currículo formalizado nas intenções das políticas públicas de educação. Essa prática docente de elaboração da aula é uma atividade complexa e multideterminada e que, no final e ao longo do processo, produz um saber específico, e igualmente complexo, o qual se vincula aos conhecimentos científicos produzidos, aos manuais didáticos disponíveis no mercado, à sua relação com o conhecimento, à relação interpessoal com os alunos, ao conhecimento desses alunos no ponto de partida e de chegada (conhecimento sincrético ao conhecimento sintético), à relação consciente ou não com o seu papel político-social, à sua formação inicial e continuada etc.

Percebemos, portanto, que o processo de transposição didática realizado pelo professor não para no elemento científico, mas abrange todos os processos relativos ao trabalho docente na sua complexidade. Não se trata, como alerta Valdemarin (1998), apenas de produzir e transmitir conhecimentos científicos. É preciso considerar o conhecimento produzido pelo professor nesse processo.

3.3
A aprendizagem como objetivo do processo didático

Vimos até aqui a relevância de a escola focar sua ação na transmissão dos conhecimentos acumulados historicamente pelos homens. Nesta parte trataremos a outra esfera do processo didático, o aprendizado do aluno como o objetivo maior da educação escolar. Não trataremos aqui o processo psicológico do aprendizado, mas evidenciamos o processo de aprendizagem segundo a ótica até aqui privilegiada, ou seja, uma visão histórica e crítica da educação.

Uma pergunta que é feita com relação ao tema é a seguinte: o que o aluno deve aprender na escola? Para essa questão surgem respostas como as que afirmam que a escola deve trabalhar com os conhecimentos cotidianos, mais próximos da realidade dos alunos concretos que frequentam as escolas, até concepções mais críticas e que levam em conta que a escola possui uma especificidade que não é o trabalho com o cotidiano, mas sim com conhecimentos científicos, que podem, inclusive, melhor explicar os acontecimentos cotidianos de uma forma geral.▼

Seja qual for a resposta escolhida – que significa também um posicionamento de ordem política, didática, epistemológica etc. – o que devemos levar em conta é que é na escola, mediada pela sociedade, que se organizam os espaços e o tempo específicos para que ocorra o aprendizado. Essa intencionalidade da escola apontada por Saviani (2000) indica a intencionalidade da educação escolar, característica que a distingue de outras instâncias educativas da sociedade. Libâneo (2006, p. 82), expressando-se de outra forma, corrobora com essa afirmação, denominando a aprendizagem ocorrida na escola de *aprendizagem organizada*.

> *A aprendizagem organizada é aquela que tem por finalidade específica aprender determinados conhecimentos, habilidades, normas de convivência social. Embora isso possa ocorrer em vários lugares, é na escola que são organizadas as condições específicas para a transmissão e assimilação de conhecimentos e habilidades. Esta organização intencional, planejada e sistemática das finalidades e condições da aprendizagem escolar é tarefa específica do ensino.*

Considerando a posição desse autor, podemos perceber que o processo didático não pode prescindir da unidade entre ensino e aprendizagem. E mais, o aprendizado objetivado pela escola inclui, além dos conhecimentos científicos, habilidades, valores, atitudes etc. Resta complementar que atualmente a ênfase do ensino em

---

▼

Para a primeira corrente de respostas, conferir, por exemplo: Moretto, 2003; Matui, 2005. Para a segunda corrente, conferir: Duarte, 1996; Saviani, 2006.

várias teorias educacionais é justamente nessas habilidades, atitudes e valores, secundarizando os conteúdos escolares (Duarte, 1998; Ramos, 2001). Mas mesmo essa situação não pode ser descontextualizada, pois em cada período histórico a escola atende às determinações concretas do mundo do trabalho, ou seja, em cada período é preciso formar, para a sociedade, os educandos com um determinado perfil que atenda às necessidades do processo produtivo.

Aprender não é apenas um processo cognitivo, que ocorre no âmbito específico da psique, reduzido à esfera individual, mas é também um processo determinado histórico-socialmente. Aprender significa, assim, atender a determinadas necessidades sociais e individuais. Essa questão é debatida de forma contundente pelos autores da área trabalho e educação, os quais discutem o vínculo entre a formação escolar e as demandas da produção capitalista em cada período histórico. As necessidades individuais em relação à formação, por exemplo, são moldadas pelas exigências do mercado globalizado, da alta competitividade entre os indivíduos por uma vaga no mercado de trabalho etc. A palavra de ordem é tornar-se *empregável*. Essa demanda para a formação dos indivíduos advém de uma necessidade do capital contemporâneo, marcado pela carência de alta produtividade para conseguir ser competitivo em escala mundial (Kuenzer, 2005; Frigotto; Ciavatta, 2006; Ferretti, 2002).

Outra característica da aprendizagem é que ela acontece somente se houver da parte do educando uma atividade autônoma no sentido de que ele se mobilize para o aprendizado. Significa dizer que a transmissão dos conteúdos, os conhecimentos científicos, as habilidades, atitudes etc., não é feita de maneira mecânica, do professor para o aluno, sem que este queira. Libâneo (2006, p. 83), a esse respeito, afirma que "[...] a aprendizagem efetiva acontece quando, pela influência do professor, são mobilizadas as atividades física e mental próprias das crianças no estudo das matérias".

Libâneo (2006) denomina esse como o processo de *assimilação ativa*, no sentido de que é o aluno, pela sua atividade, que se apropria dos conhecimentos e de tudo o mais que se disponibilize no processo educativo. No entanto, o autor reduz o processo de aprendizagem a uma relação entre o sujeito do conhecimento e o objeto, mediado pelo professor, ou seja, secundariza a atuação da sociedade na construção dos conhecimentos. Essa mediação é de fundamental importância, pois, como afirmamos anteriormente, tudo o que se aprende na escola está diretamente vinculado às necessidades sociais, o que influencia diretamente o aprendizado, dando, inclusive, motivações para que ele ocorra.

Um exemplo disso é a grande motivação que existe atualmente pela aprendizagem da língua inglesa, impulsionada pela globalização e pelas necessidades impostas aos trabalhadores que queiram alçar postos importantes no mercado de trabalho. Outro exemplo é a motivação para o aprendizado da informática, essencial para ocupar a maioria dos postos de trabalho nas mais variadas áreas de atuação. Não vamos entrar aqui na questão da real necessidade de ambos no cenário do trabalho contemporâneo, mas não há dúvidas de que essas demandas sociais impactam diretamente no cotidiano escolar, determinando inclusive a ação do professor e a sua valorização social. Tanto é assim que é comum ouvirmos comentários de pais e até mesmo de alunos que os professores "não acompanham o avanço das novas tecnologias" ou que "os alunos hoje em dia sabem mais que os professores por que têm acesso à internet".

Além desse argumento a favor de uma vinculação da aprendizagem com as relações sociais da sociedade em que se insere o processo educativo, tomemos como outra referência a teoria de Vygotski (1993) e sua interface com a educação através do conceito de "zona de desenvolvimento próximo".

Esse conceito, segundo Duarte (1996), é central para a defesa da tese segundo a qual a escola tem como papel a transmissão de conhecimentos socialmente produzidos pelos homens. Ele, em si, é um conceito que procura levantar, segundo a perspectiva da psicologia soviética, a relação entre ensino, aprendizado e desenvolvimento intelectual. Vygotski (1993) propõe, então, dois níveis de desenvolvimento: o nível de desenvolvimento atual e a zona de desenvolvimento próximo (ZDP). No primeiro nível, que é a idade mental da criança, verifica-se o que ela é capaz de fazer por si mesma, autonomamente. Já a ZDP é o nível em que a criança não consegue fazer sozinha, mas consegue se imita ou é acompanhada por um adulto.

O que revela, em primeiro lugar, a ZDP da criança é a sua capacidade de aprendizagem, como revelaram as pesquisas em que Vygotski comparou duas crianças com idades mentais iguais mas com ZDP diferenciadas. Para ele, inclusive, a diferença existente é suficiente para afirmar que o nível de desenvolvimento mental de ambas é diferente. A diferença, afirma ele, está na instrução, na escola:

Como mostra a investigação, na escola se dão muito mais diferenças entre estas crianças, condicionadas pela divergência entre suas zonas de desenvolvimento próximo, que semelhanças devidas a seu igual nível de desenvolvimento atual. Isto se revela em primeiro lugar na dinâmica de sua evolução mental durante a instrução e no êxito desta. A investigação revela que a zona de desenvolvimento próximo tem um valor mais direto para a dinâmica da evolução intelectual e para o êxito da instrução do que o nível atual de seu desenvolvimento. (Vygotski, 1993)

A consequência direta dessa concepção vygotskiana para a aprendizagem é que a escola não pode limitar-se ao já alcançado pela criança, mas deve sim, por meio do ensino, ou seja, pela atuação do professor, trabalhar com a ZDP, o que significa entender que o desenvolvimento psíquico deve ser levado pela aprendizagem, e não o contrário. O bom ensino, assim, é aquele que faz com que a criança sempre se supere ou, melhor, que sempre supere seu atual nível de desenvolvimento mental, alçando maiores níveis conforme a complexidade dos conhecimentos exigem. Por isso a tarefa do professor é de vital importância: por ser ele o mediador neste processo de superação. Voltemos a Vygotski (1993, p. 97), quando ele exemplifica esse processo em relação ao aprendizado da escrita: "Começa-se a ensinar a criança a escrever quando todavia não possui todas as funções que asseguram a linguagem escrita. Precisamente por isso, o ensino da linguagem escrita provoca e implica o desenvolvimento dessas funções. Esta situação real se produz sempre que a instrução é fecunda".

A aprendizagem está diretamente ligada ao sucesso do ensino, como já afirmamos anteriormente a respeito da unidade de ambos. Mas o que importa nessa citação é que, mais uma vez, o autor trabalha com a tese de que a educação escolar, a instrução, deve agir na ZDP, ou seja, no nível ainda não alcançado autonomamente pela criança, até que esta o possa fazer autonomamente, precisando, então, alçar voos maiores. Percebemos, portanto, que o ato de ensinar deve ser proativo em relação ao desenvolvimento da criança, ou seja, deve agir sempre na frente, naquela zona em que a criança pode alcançar, e não somente naquela em que alcança autonomamente. Vygotski (1993, p. 98) afirma: "[...] o ensino deve orientar-se não ao ontem, mas sim ao amanhã do desenvolvimento infantil".

O mesmo autor alerta para o fato de que o aprendizado não ocorrerá se trabalharmos com conteúdos que a criança não é capaz de aprender, mesmo em colaboração. Há um limiar, às vezes tênue, entre a ZDP e aquilo que a criança não consegue aprender. Para Vygotski (1993), o limite se dá pela imitação, sendo esta o limite onde pode haver a eficácia da instrução.

Levando em conta esse limite, os conteúdos a serem trabalhados na escola devem encontrar-se na ZDP. Como corolário contrário, se a escola trabalhar apenas com conteúdos que a criança já domina autonomamente, o ensino será inútil, pois não produzirá nenhuma nova capacidade intelectual na criança.

Essa concepção de ensino-aprendizagem constituída pelo conceito de ZDP traz consigo a valorização maior dos processos psíquicos originados de um planejamento da instrução do que os processos psíquicos originados espontaneamente, como na vida cotidiana. Nessa discussão continuamos com Duarte (1996), que discute justamente o âmbito do cotidiano e sua relação com os objetivos da escola.

A tese defendida por Duarte (1996), com base nos estudos sobre o cotidiano de Agnes Heller, é que a educação escolar deve ser mediadora entre a vida comum e os âmbitos não cotidianos da prática social. O que isso significa? Significa que há uma distinção das atividades desenvolvidas pelos homens no seu cotidiano, caracterizado sobretudo pela sua reprodução individual, como a sobrevivência e as atividades realizadas em âmbitos não cotidianos, em que a característica é que o indivíduo, por meio de sua ação, reproduz não somente a si, mas ao gênero humano como um todo, como a ciência. Existe entre os dois aspectos não uma relação hierárquica, mas uma autonomia relativa, ou seja, ambas interagem e convivem entre si. O que é necessário, porém, é que haja, na educação escolar, um rompimento com o cotidiano, posto que o objetivo da educação escolar, na perspectiva aqui adotada, não é meramente reproduzir os indivíduos enquanto seres independentes, mas sim reproduzir, em cada um, a humanidade produzida histórica e socialmente, como já afirmou Saviani. Desse modo, a atividade educativa escolar tem como característica a superação do âmbito do cotidiano na formação do educando.

Duarte (1996, p. 60) afirma que o objetivo da educação é produzir no aluno novas necessidades, de tipo superior, que significam a apropriação dos conhecimentos historicamente acumulados. Um exemplo prático desse processo é que, por meio da apropriação dos mecanismos históricos que levaram à constituição do Brasil como um país caracterizado pelo **patrimonialismo**, ou seja, pela relação corrompida entre os âmbitos público e privado, podemos melhor entender os mecanismos da corrupção cotidianamente expostos na televisão e banalizados pela rapidez dessa tecnologia, que de fato não explica a estrutura dos acontecimentos. Sendo assim, podemos sair, após o jornal televisado, com mais uma informação sobre o mais recente caso de corrupção no país ou sair com a compreensão diferenciada de que existe uma relação entre aquele caso específico de corrupção e os mecanismos históricos que constituíram o Brasil. Esse é um dos exemplos que podem ilustrar a diferença na relação entre o conhecimento do cotidiano e o conhecimento sistematizado.

Claro está que na vida não podemos a todo momento pensar cientificamente, pois cumprimos tarefas cotidianas nas quais não precisamos necessariamente ter uma relação consciente ou, no mínimo, não precisamos, antes de executar tais tarefas, parar e refletir sobre seus fundamentos. Nas nossas relações interpessoais, por exemplo, no simples ato de caminhar, de se alimentar etc., não há a necessidade de interromper o processo e identificar nele os seus fundamentos físicos, fisiológicos etc. Nem mesmo é preciso parar a toda notícia e refletir sobre seus fundamentos sociológicos e históricos, até porque isso superaria em muito o tempo gasto pela televisão entre uma notícia e outra.

O que é importante é que o ensino nas escolas leve os alunos a aprenderem conhecimentos que os façam superar, quando necessário, o âmbito do cotidiano. E essa superação não ocorre por acaso nem espontaneamente, mas é produto do ensino, da educação escolar mais especificamente, por meio da apropriação dos conhecimentos acumulados. Como afirma Duarte (1996, p. 64),

A fantasia do cotidiano não se transforma em arte espontaneamente, mas sim pelo contato com a arte produzida socialmente. O pensamento antecipador [característico do cotidiano] não se transforma em teoria científica a não ser através da apropriação, pelo indivíduo, do conhecimento científico, do pensar científico e das necessidades próprias da esfera da ciência.

De acordo com o exposto pelo autor, fica claro o papel da educação na superação dos conceitos cotidianos pelos científicos na atividade escolar, que tem nessa superação a sua especificidade, o que significa reafirmar o seu papel na transmissão e na preocupação com a apropriação pelos alunos dos conhecimentos científicos. O aprendizado, assim, não se relaciona apenas com o já alcançado até mesmo fora da escola, no cotidiano, mas sim com a sua superação, para que o aluno possa, com esses novos conhecimentos, obter maiores possibilidades e liberdade na prática social.

A escola não visa apenas à utilização pragmática de produtos da ciência. Ela visa que o indivíduo possa fundamentar na ciência o pensamento e a ação em vários momentos da vida social [...] Quando um indivíduo utiliza conhecimentos históricos para buscar compreender sua situação como membro de uma classe social, está ultrapassando (tendencialmente) a consciência de classe-em-si e está buscando a consciência de classe-para-si. (Saviani, 2000)

Esse trecho não deixa dúvidas quanto aos objetivos a serem alcançados pela educação escolar referentes à formação pelo conteúdo científico, que são meios, não fins em si mesmos, para que os alunos possam melhor se colocar na prática social, agindo conscientemente (para si), entendendo os mecanismos determinantes da sociedade em que vivem. O sucesso do ensino, ou seja, a real apropriação pelos alunos dos conhecimentos científicos, é condição necessária, mas não suficiente, para a efetivação da tão propalada condição de cidadania.

Essa relação consciente do aluno com o conhecimento eleva a sua reprodução, ou seja, aproxima o aluno da reprodução do gênero humano, e não apenas a sua reprodução individualista, bem ao gosto das apologias neoliberais[▼], para quem o interesse é que cada indivíduo lute por si mesmo e a escola é o palco de formação para uma verdadeira guerra que se trava, principalmente, no mercado de trabalho, momento em que cada um "prova" a sua competência ou seu fracasso, ambos direcionados à ação individual, sem referência a um projeto integrador de sociedade.

Ao contrário desse ponto de vista, a formação humana dos indivíduos educandos na perspectiva histórica, a partir do seu aprendizado, incentiva-os a agirem de modo que possam identificar-se como parte do gênero humano e, assim, realizar um projeto muito maior, cujo alcance vise à verdadeira liberdade humana, só alcançável fora do sistema do capital.

▼
Clássicos do neoliberalismo, como Hayek (1977) e Friedman (1984), propalam a convivência social pautada pelos interesses individuais.

Síntese

Ao longo deste terceiro capítulo, discutimos a questão da aprendizagem intimamente vinculada ao ensino, entendendo que ela é uma relação sempre dialética, articulada e, como um todo, precisa de um planejamento consciente de todas as suas múltiplas determinações e condições concretas. Enfatizamos a necessidade de saber claramente quais são os objetivos educacionais perseguidos e evidenciamos a vinculação entre ensino e aprendizagem.

Indicações culturais

- ROWLING, J. K. **Harry Potter**. Tradução de Lia Wyler. Rio de Janeiro: Rocco, 2007. (Série Harry Potter, 7 v.).
Uma obra de ficção muito badalada e que fez muito sucesso no ramo editorial e no cinema é *Harry Potter*. Nessa obra, seja no livro, seja na versão cinematográfica, podemos observar uma escola com diversos tipos de professores, diversas concepções e consequentemente diversos encaminhamentos didáticos. Vale a pena observar como os professores estabelecem a relação do aluno com o conhecimento.
- O PREÇO do desafio. Direção: Ramón Menéndez. Produção: Warner Bros Pictures. Estados Unidos da América: Warner Home Vídeo, 1988.
Filme muito interessante sobre a relação professor-aluno--conhecimento, em que um jovem professor resolve atingir seus alunos de forma diferenciada.

Atividades de autoavaliação

1) Assinale a alternativa que define corretamente a concepção do ato de ensinar:
   a) No ato educativo escolar, subordinados ao processo de ensino-aprendizagem, não estão em evidência pessoas, sujeitos, os quais devem ser considerados na perspectiva que se adota para o debate da temática.
   b) O ato educativo tem como característica a intencionalidade, ou seja, é uma ação proposital que visa a um fim, o qual, por sua vez, depende das concepções dos atores presentes no ato educativo.
   c) O objetivo da educação diz respeito à identificação dos elementos essenciais que precisam ser assimilados pelos indivíduos da espécie humana para que eles se tornem humanos e, de outro lado e concomitantemente, à descoberta das formas mais adequadas para atingir esse objetivo.
   d) É no currículo que se desenvolvem as concepções relacionadas ao universo dos conhecimentos a serem socializados e, por outro lado, os efeitos desses conhecimentos no processo de formação do professor que se quer ter formado.

2) Assinale V (verdadeiro) ou F (falso) para as afirmações a seguir:
   ( ) Nos elementos culturais para humanização, a concepção de educação visa à socialização daqueles conhecimentos mais avançados, que significam conquistas do gênero abstrato, o que significa redemocratizar o que há de mais avançado na cultura humana por meio da escola.

( ) O fato de se ter a intenção de ensinar, ou seja, de proporcionar, pela educação, a formação da humanidade nos homens distingue, em primeiro lugar, a educação escolar das outras formas de educação espontâneas, não sistematizadas, preponderantes na maior parte da história.

( ) Ao tratar da intencionalidade do trabalho educativo na concepção tradicional da educação, Duarte o faz como um valor afirmativo, positivo mesmo, do ato de ensinar. Significa dizer que, para essa corrente, o ensino com o objetivo de socialização do conhecimento e para a formação da humanidade nos homens é uma tarefa positiva da escola e deve, por isso, ser defendida.

( ) Ambas as concepções escolanovistas e construtivistas da educação, ao valorizarem como inferiores os conhecimentos construídos autonomamente sobre aqueles conhecimentos adquiridos pela transmissão por outros, no caso o professor, atribuem valor negativo ao ato de ensinar.

3) Assinale a alternativa que define corretamente a didática e o ensino:

a) Os conhecimentos a serem sistematizados pelo professor e transmitidos aos alunos são provenientes da atividade científica, que é caracterizada por produzir novos conhecimentos, com base em critérios e objetivos, descaracterizando-a como atividade socialmente determinada e pautada pelas dinâmicas inerentes às contradições da sociedade em que se estabelece.

b) O ato de ensinar, além de envolver o conhecimento científico adequado ao ensino pela escola (transposição didática), abrange também os métodos para que esse conhecimento possa ser transmitido e apropriado pelos alunos.

c) Trata da complexidade presente no processo de ensino, que envolve o conhecimento desde a psicanálise do desenvolvimento da criança, passando pelas determinações sociais (conhecimento a serviço de um objeto) e especificamente didáticas, como a sequência dos conteúdos.

d) O conhecimento escolar, ao contrário da especialização, busca coordenar os conhecimentos prévios da ciência num todo ordenado, coerente e compreensível para os alunos.

4) Assinale V (verdadeiro) ou F (falso) para as afirmações seguintes:

( ) A aprendizagem organizada é aquela que tem por finalidade específica compreender determinados tipos de conhecimentos, habilidades, normas de convivência social. Embora isso possa ocorrer em vários lugares, é em casa que são organizadas as condições específicas para a transmissão e a assimilação de conhecimentos e habilidades.

( ) Aprender não é apenas um processo cognitivo, que ocorre no âmbito específico da psique, portanto reduzido à esfera individual, mas é também um processo determinado histórico-socialmente.

( ) A aprendizagem efetiva acontece quando, pela influência do professor, são mobilizadas as atividades física e mental próprias das crianças no estudo das matérias.

( ) Atualmente há uma grande motivação pela aprendizagem da língua inglesa, impulsionada pela globalização e pelas necessidades impostas aos trabalhadores que queiram alçar postos importantes no mercado de trabalho.

5) Assinale a alternativa que descreve o conceito de zona de desenvolvimento próximo (ZDP):

a) A concepção vygotskiana para a aprendizagem é que a escola não pode limitar-se ao já alcançado pela criança; ela deve, por meio da temática, ou seja, da atuação do professor, trabalhar com a ZDP, o que significa entender que o desenvolvimento motor deve ser levado pela aprendizagem, e não o contrário.

b) Começa-se a ensinar a criança a escrever quando ela não possui todas as funções que asseguram a linguagem escrita. Precisamente por isso, o ensino da linguagem escrita provoca e implica o desenvolvimento dessas funções. Essa situação real se produz sempre que a instrução é fecunda.

c) A fantasia do cotidiano não se transforma em arte espontaneamente, mas sim pelo contato com a arte produzida socialmente. Pelo pensamento antecipador (característica do cotidiano) tudo se transforma em teoria científica, a não ser por meio da apropriação, pelo indivíduo, do conhecimento científico, do pensar científico e das necessidades próprias da esfera da ciência.

d) O conceito de ZDP, de Vygotski (1993), é central para a defesa da tese segundo a qual a escola tem como papel a transmissão de conhecimentos socialmente produzidos pelos homens. Ele, em si, é um conceito que procura levantar, segundo a perspectiva da psicologia soviética, a relação ensino-aprendizagem e desenvolvimento intelectual.

Atividades de aprendizagem

Questões para reflexão

1) Pesquise as tendências pedagógicas que mais discutem a relação professor-aluno-conhecimento sob a ótica que apresentamos.
2) Escreva um texto reflexivo a respeito do seu entendimento da questão anterior.

Atividade aplicada: prática

Pesquise em seu local de trabalho a concepção predominante sobre a relação professor-aluno-conhecimento e em que medida ela aparece articulada conforme discutimos.

abcdefghijklmnopqr *stu* vxz

abcdefghijklmnopqrstu v x z

Capítulo quarto
A didática e a formação do professor

---

*a*té aqui vimos a didática em seus vários aspectos – históricos, filosóficos, relacionados às tendências pedagógicas etc. Mas de tudo isso algo não pode ser desprezado: o professor deve se apropriar desses elementos da didática na sua formação, para que efetive, na prática cotidiana em sala de aula, um projeto de educação que vise verdadeiramente à transformação social.

Para que isso ocorra, é importante que o professor esteja preparado para proporcionar meios efetivos de transmissão e apropriação dos conhecimentos e outros mecanismos de formação que visem à humanização dos alunos.

4.1
Didática: um resgate histórico

Antes de realizar o resgate histórico da didática, é importante fazer uma reflexão sobre o movimento da "Didática em questão", ocorrido no Brasil nos anos de 1980. Nesse mesmo movimento, que questionou a didática instrumental e tradicional, houve também um movimento pela renovação dos cursos de formação de professores, que teriam de ser adequados aos novos tempos e discussões educacionais, especialmente no que se refere à sua necessária contextualização como prática social, determinada histórico-socialmente e condicionada imediata ou mediatamente pela conjuntura do Brasil, na época da abertura política, a partir da segunda metade da década de 1970.

Em livro organizado por Candau (2005) que reflete as discussões realizadas no movimento de renovação da didática, existe uma parte específica para a discussão da formação de professores. A autora critica a formação tradicional dos professores, numa perspectiva desvinculada do contexto sociopolítico, ou seja, uma formação em que prevalecem os aspectos do conteúdo e das técnicas de ensino. Tais críticas advieram do posicionamento da autora através da pedagogia crítico-social dos conteúdos, já comentada no primeiro capítulo.

A autora revisa as quatro principais perspectivas na formação de professores até então em voga: a primeira é **formação do professor centrada nas normas**, na precedência das leis sobre a realidade. Nessa perspectiva, "[...] o importante é que a lei seja cumprida, que a educação siga fielmente os cânones previstos e o educador é o responsável por esta observância, muitas vezes de caráter puramente formal" (Candau, 2005, p. 51).

Outra perspectiva analisada é aquela centrada na **dimensão técnica da formação de professores**. A formação, nesse caso, centra-se nos elementos constitutivos do processo de ensino-aprendizagem, ou seja, nos objetivos, na seleção dos conteúdos, nas estratégias de ensino, na avaliação etc. A formação de professores é meramente instrumental; nela o educador é encarado como um técnico, que deve organizar da melhor maneira possível os meios para alcançar os resultados previamente planejados com eficiência. Essa é a perspectiva de formação de professores no tecnicismo, prevalecente no país na década de 1970, baseada na tecnologia educacional e na psicologia comportamental (Candau, 2005).

Uma terceira perspectiva na formação de professores é a **centrada na dimensão humana**. Encaramos a educação aqui do ponto de vista de relações interpessoais, como um processo de comunicação humana. Procuramos resolver as seguintes questões: "[...] que condições deve realizar esta inter-relação humana para que seja facilitadora do processo de aprendizagem? Como promovê-la ou criar condições para que se desenvolvam?" (Candau, 2005, p. 52-53). Como pano de fundo, buscamos meios de promover o crescimento pessoal do aluno e também o crescimento interpessoal e do grupo. Cabe ao educador ser mediador nesse processo de crescimento, que deve ser pleno, ou seja, intelectual e emocional.

As perspectivas anteriores, acusa Candau (2005), não levam em consideração "[...] a articulação destas dimensões [humanas e técnicas] com as características contextuais, sociais, políticas e econômicas, que as condicionam e envolvem".

É justamente a partir dessa crítica que a autora adota uma quarta perspectiva, denominada *centrada no contexto*. Nessa perspectiva, que se alinha à crítica desenvolvida nos anos de 1980 e à didática instrumental e tradicional, a educação é considerada no seu contexto socioeconômico e político e a educação é considerada uma prática social. A formação de professores não pode desconsiderá-lo como sujeito da prática social, logo, portador de um papel político que impede que se considere sua prática educativa como neutra. A questão, para Candau, é de projeto político de manutenção do *status quo* ou de transformação social. Relata assim essa autora o projeto dessa perspectiva:

> *Analisar e propor, a partir das condições concentradas da realidade, uma prática educativa transformadora constitui questão fundamental. Questão esta que só pode ser trabalhada na interpenetração de teoria e prática, que devem ser consideradas como uma unidade. Esta dinâmica deve estar presente em todo o processo formativo.*
> (Candau, 2005, p. 54)

A autora alerta para uma questão que tanto nesse período como hoje é de suma importância para a educação em geral e para a formação de professores, que é a necessária unidade teoria e prática.

A questão da teoria e da prática não é uma relação que se resume à formação de professores nem à educação em geral, mas pertence, sim, à discussão da sociedade como um todo. Podemos dizer que a relação teoria e prática sintetiza as relações sociais na sociedade capitalista, especialmente porque nessa sociedade é estabelecida uma dicotomia entre os pares dessa relação, que na prática social se verifica na dicotomia e na valorização desigual entre trabalho intelectual e trabalho manual. Tal discussão é clássica no seio da concepção histórico-crítica, que tem sua fundamentação teórica no materialismo histórico (Marx; Engels, 2005; Saviani, 2000)

O ponto de vista adotado por Candau e Lelis (2005) é de defender a unidade entre teoria e prática, na linha da **práxis**, ou seja, defendem que ambas as esferas, embora distintas, relacionam-se intrinsecamente, mantendo entre si autonomia relativa, uma interdependência. As autoras citam uma importante passagem de Marilena Chaui, em que a filósofa trata justamente da relação entre teoria e prática como uma relação simultânea e recíproca.

1) A teoria nega a prática enquanto prática imediata, isto é, nega a prática como um fato dado para revelá-la em suas mediações e como práxis social, ou seja, como atividade socialmente produzida e produtora da existência social. A teoria nega a prática como comportamento e ação dados, mostrando que se trata de processos históricos determinados pela ação dos homens que, depois, passam a determinar suas ações.

2) A prática por sua vez nega a teoria como um saber separado e autônomo, como puro movimento de ideias se produzindo umas às outras na cabeça dos teóricos. Nega a teoria como um saber acabado que guiaria e comandaria de fora a ação dos homens. E negando a teoria enquanto saber separado do real que pretende governar esse real, a prática faz com que a teoria se descubra como conhecimento das condições reais da prática existente, de sua alienação e transformação.
(Chaui, 1980 citada por Candau; Lelis, 2005)

Essa passagem é necessária por conter a síntese do método dialético no qual se assenta a perspectiva das autoras no texto em análise. A mútua negação da teoria e da prática, na verdade, não significa a eliminação de quaisquer dos membros do par, mas, ao contrário, a negação em cada caso significa a sua afirmação em um nível superior de compreensão. Assim que a teoria nega a prática como **praticismo** e a prática nega a teoria como **teoricismo**, ou seja, uma teoria desvinculada da realidade e da prática, para a qual deve se destinar.

Não há, portanto, desse ponto de vista, como dicotomizar os pares teoria e prática. Ambos se fundem na prática social e na formação do professor para um projeto transformador de educação. E esse projeto somente pode existir com a superação dessa dicotomia naturalizada na sociedade capitalista, pois a existência da dicotomia teoria e prática na sociedade significa a perpetuação das relações sociais que originam e mantêm essa dicotomia, ou seja, as relações de classe da sociedade capitalista. A premissa maior da dialética aqui exposta é que o predomínio deve ser da prática sobre a teoria, numa relação de mútua dependência. É por meio do horizonte dado pela prática que a teoria deve se guiar, e não o contrário. Somente assim a teoria pode estabelecer com a prática o seu papel social, que é auxiliar na sua melhor compreensão e na resolução dos problemas dela advindos. Significa dizer que a prática é que é o verdadeiro parâmetro da teoria, o seu fundamento e finalidade.

Mas qual o impacto dessas noções sobre a dialética entre teoria e prática na formação de professores?

A resposta de Candau e Lelis é simples: a teoria e a prática educativa devem ser os núcleos constitutivos dos cursos de formação de professores e, assim, devem ser trabalhadas em unidade, e não separadamente. "Na visão de unidade, a teoria é revigorada e deixa de ser um conjunto de regras, normas e conhecimentos sistematizados *a priori*, passando a ser formulada a partir das necessidades concretas da realidade educacional, a qual busca responder através da orientação de linhas de ação" (Candau; Lelis, 2005, p. 68).

Assim, afirmam as autoras, a formação do professor não pode mirar num ideal a ser alcançado fora do tempo e do espaço da realidade concreta. O professor a ser formado depende do contexto histórico-social em que se encontra, das relações sociais existentes, do posicionamento do sistema educacional em relação ao sistema produtivo etc.

Em geral, a formação do professor para a prática social exige que ele conheça, durante a sua formação e ao longo da sua prática educativa, as determinações sociais em que se dá a educação, para, assim, estabelecer com a teoria e com a sua prática uma relação consciente. Essa consciência, inclusive, coloca para o professor os limites em que acontece a ação da educação na sociedade de classes. Significa que o professor deve articular no seu **fazer pedagógico**, ou seja, nas dimensões do "o que ensinar" e do "como ensinar" as questões mais gerais relativas ao "por que educar" e "para quem" destina-se a educação.▼

De acordo com Fávero (1981 citado por Candau; Lelis, 2005), o professor não se forma de uma vez por todas, mas, ao contrário, tem seu processo de formação dinamizado pela própria dinâmica social, a qual é histórica e, portanto, mutável no tempo e no espaço. A formação do professor, tomada como elemento da prática social, deve ser encarada em conformidade com essa característica.

Ou seja, a formação de professores articula-se intimamente à organização do contexto social mais amplo, visto que as determinações sociais indicam a formação desejada e esperada em cada momento histórico.

Conforme Mazzeu (1998), "A compreensão mais profunda do processo de formação de professores implica uma reflexão sobre o próprio significado do processo educativo, na sua relação com o processo mais amplo de constituição e desenvolvimento histórico-social do ser humano".

Isso pressupõe o entendimento do entrelaçamento de todas as determinações do contexto social em que o professor se encontra.

▼
Para aprofundar esta questão, é interessante a leitura de Facci (2004) e Duarte (2000). A primeira obra faz uma discussão sobre a desvalorização dos conhecimentos específicos na formação do professor nas concepções do professor reflexivo e do construtivismo. Já Duarte tem uma interessante reflexão acerca da alienação do professor e das consequências sociais dela advindas.

4.2
Pressupostos do processo de formação de professores no Brasil

Fazendo rapidamente um histórico da formação de professores no Brasil, percebemos que essa profissão nasceu junto com a formação religiosa. Em tempos de colonização e império, os professores eram formados na Europa. Mais tarde, essa formação passou a acontecer aqui mesmo, com a criação das universidades brasileiras, e aos poucos, acompanhando as mudanças sociais, vai perdendo seu *status* de profissão de maior grandeza (Kuenzer, 1999).

Quando a atividade educativa passa a ser função estatal a partir das ideias e ações que se originam com o Marquês de Pombal, a formação de professores inicia um certo distanciamento da formação religiosa, que não se extingue na totalidade. Interessante é a percepção de que, mesmo com a desvalorização social do professor e da escola em geral, as famílias continuam acreditando nessa instituição, o que aponta para a responsabilização do trabalho docente não mais como uma missão, mas como profissão que, ao atuar diretamente com pessoas, crianças, jovens, adultos e idosos, contribui com a humanização de cada um.

Há de se investigar, de maneira mais aprofundada, como as possibilidades de formação de professores têm se apresentado nos cursos de formação, seja na pedagogia, seja nas licenciaturas, enquanto *locus* não somente de aquisição de conhecimentos do professor, mas também de elementos articulados à lógica hegemônica do capital, que, ao reorganizar-se, mais uma vez, transforma o modo de organização social e, consequentemente, o modo de organização escolar.

Tal estudo pressupõe o entendimento de que o professor e todos os profissionais que atuam na educação são profissionais que podem, ou não, atuar como agentes de transformação da realidade, ao mesmo tempo transformados por ela.

Para tanto, a compreensão do movimento de expropriação por que passam os trabalhadores em geral e o trabalhador da educação em específico mostra-se como a alternativa urgente para a elucidação dessa questão, posto que a formação do profissional da educação apresenta, convalida ou denuncia todas as contradições do movimento desta sociedade capitalista. Esse movimento hoje confunde e embaralha o discurso, os posicionamentos e as práticas, como esclarece Kuenzer (2005):

> *A facilidade com que a pedagogia toyotista se apropria sempre do ponto de vista do capital, de concepções elaboradas pela pedagogia socialista e, com isso, estabelece uma ambiguidade nos discursos e nas práticas pedagógicas. Essa apropriação tem levado muitos a imaginar que, a partir das novas demandas do capital no regime de acumulação flexível, as políticas e propostas pedagógicas passaram a contemplar os interesses dos que vivem do trabalho, do ponto de vista da democratização.*

Esse "embaralhamento" nos deixa a sensação de avanço concreto, de possibilidade de humanização efetiva ou de concretização da possibilidade de realização plena do ser humano enquanto trabalhador.

No discurso, a sensação que temos é esta: enfim a reunificação do trabalho, no entanto, a realidade tem demonstrado que este tem sido um discurso vazio, pois aos poucos trabalhadores cujos direitos são mantidos correspondem uma legião de trabalhadores jogados à margem da cadeia produtiva (Kuenzer, 1999).

A escola e a formação do professor, então, são conclamadas a trabalhar com as noções de competência e flexibilidade, já que ele precisa estar preparado para adaptar-se a qualquer trabalho, a qualquer situação, inclusive à situação de desemprego e desamparo social, com a perspectiva de que isso é problema e culpa única e exclusivamente sua, pois é ele enquanto trabalhador que não tem competência, que não se preparou adequadamente, para as situações adversas.

Os profissionais da educação, em especial o professor, passam então a ser formados dentro dessa lógica, e o que vemos é ou uma tentativa de colocar a pedagogia em um patamar autônomo diante da concretude da realidade ou uma postura apática de espera e imobilização do que se considera inexorável ou impossível de superação. Diante disso,

A superação desses limites só é possível pela categoria 'contradição', que permite compreender que o capitalismo traz inscrito em si, ao mesmo tempo, a semente de seu desenvolvimento e de sua destruição. Ou seja, é atravessado por positividades e negatividades, avanços e retrocessos, que ao mesmo tempo evitam e aceleram a sua superação. É com base nessa compreensão que se deve analisar a unitariedade como possibilidade histórica da superação da fragmentação. (Kuenzer, 2005)

Essa discussão sobre os elementos contraditórios que possivelmente estejam explicitadas nas Diretrizes Curriculares (Brasil, 1999) para os cursos de formação de professores pode permitir a verificação da medida em que tal política possa ter sido influenciada pela discussão sobre a formação inicial numa determinada perspectiva, possivelmente mais conservadora, mais pragmática, focada de maneira "simplista" na escola, na ação do professor, em detrimento de uma formação mais ampla e complexa.

É nesse sentido que se propõe a discussão sobre qual a compreensão da prática pedagógica estaria norteando as referências teóricas a respeito da formação docente. Ao discutir os espaços de formação de professores no Brasil e na Argentina, em Moraes (2003, p. 8) encontramos:

> *No caso da educação, a literatura especializada tem indicado o balizamento do processo em curso segundo as recomendações de organismos multilaterais (Banco Mundial, Cepal, Unesco, Unicef, Orealc, entre outros) que são apropriadas e difundidas pela vaga legislativa à mercê de interesses particulares [...] esses lineamentos harmonizam-se com o peculiar interesse de empresários pelo 'trabalhador de novo perfil', dotado de maiores competências técnicas e atitudinais mais adequadas à produção flexível.*

Cabe então identificarmos as condições concretas que levam o indivíduo a escolher os cursos de formação de professores como opção para o ensino superior e como tem se dado a sua inserção no mundo do trabalho, identificando nessa trajetória o caminho percorrido por esses profissionais, ou seja, como tem sido a sua atuação, em que medida esses cursos articulam-se à realidade educacional e como esse profissional se percebe como professor.

Não se pode esquecer, porém, que a realidade é sempre contraditória, complexa, e que as suas determinações nem sempre se mostram com clareza, exigindo que essa observação possa captar a realidade dentro de suas múltiplas relações e determinações. A realidade dos professores formados, sua escolha, sua inserção no mundo do trabalho instiga a pesquisa dentro da perspectiva da compreensão dessa realidade que se manifesta na legislação, nas relações entre os sujeitos, nas propostas curriculares de formação e no estabelecimento dos critérios para os concursos públicos, por exemplo, pois estes se mostram como um espaço privilegiado para o estudo dessas manifestações.

4.3
A organização do mundo do trabalho e a ação docente

A compreensão do mundo do trabalho exemplifica claramente as modificações ocorridas na sociedade, via modo de produção industrial moderno; nesse sentido, o estudo mais aprofundado da realidade dos docentes pode avaliar o impacto dessas modificações sociais e produtivas dentro do que conhecemos como *trabalho intelectual*, visto que as reformas oficiais impostas à realidade brasileira desde o final da década de 1980 já têm apontado, na concretude cotidiana da escola, imersa nessa sociedade, o efeito do esvaziamento na formação do professor.

O entendimento dessa realidade pode nos apontar com maior clareza proposições de formação efetivas, contribuindo com o fortalecimento dos cursos de formação de professores, mesmo porque esses cursos ainda precisam aprofundar e definir-se epistemicamente, delimitando seu espaço de contribuição social efetiva.

Assim, na formação de professores, pensar a relação teoria prática como práxis pressupõe entender a teoria não como guia da ação pedagógica, mas como reflexão que se faz a partir da realidade concreta, num movimento dialético em que a realidade aparece como ponto de partida para reflexão e espaço para novas proposições e mudanças efetivas. Isso posto, afirmamos que o movimento educativo não pode ser entendido como um movimento linear, mas sim como um complexo, em que todos os aspectos se entrelaçam, em que a realidade, em suas múltiplas determinações, muitas vezes só se mostra de maneira aparente.

Um dos aspectos que nos auxilia a "enxergar" essa complexidade é a precarização da profissionalização docente que tem acompanhado da mesma forma o que ocorre com os trabalhadores em geral. É preciso ter a clareza de que o professor é um profissional, enquanto agente de transformação da realidade, ao mesmo tempo transformado por ela.

Claramente as reformas educacionais impostas ao Brasil têm conseguido não só expropriar o trabalhador de seu direito, mas também esvaziar os trabalhadores da educação de suas possibilidades de humanização. As entidades de estudo, pesquisa e discussão em educação, como a Associação Nacional pela Formação de Profissionais da Educação (Anfope)[▼], a Associação Nacional de Pós-Graduação e Pesquisa em Educação (Anped)[▼▼] e fóruns de discussão da profissão de educador, têm, há muito, denunciado o desmonte da estrutura pública de formação, e os estudos têm apontado para a contradição existente nos encaminhamentos. Em Moraes (2003, p. 11), encontramos:

▼
Para saber mais, acesse o *site*: http//lite-fae.unicamp.br/anfope

▼▼
Para saber mais, acesse o *site*: http//anped.org.br/inicio

As teses centrais contidas nos documentos analisados, notadamente nos do Banco Mundial, como indicamos, eram acolhidas pelos governos nacionais que a elas se subordinavam. No caso do Brasil, os programas de modernização, orientados pela lógica mercantil vigente, reforçavam vivamente essa adesão. Neste ponto, percebem-se uma simulação e uma inversão da dinâmica: se, por um lado, o discurso oficial reiterava a necessidade de o país criar as bases para sua inserção no novo paradigma da economia ou sociedade do conhecimento, por outro, desenvolvia políticas que retiravam do complexo educativo e, notadamente, da formação docente a qualificação necessária à produção de conhecimentos.

As reformas, principalmente dos cursos de formação de professores, em curso desde o final da década de 1980, evidenciam o movimento de uma sociedade que apresenta espaços de contradição, portanto de possibilidades. As diretrizes para os cursos de formação de professores continuam fomentando o debate sobre a dicotomização entre o pensar e o fazer, característica do modo de organização da sociedade capitalista.

Os estudos sobre a formação docente, a partir dos anos 1990, têm demonstrado uma preocupação crescente acerca da formação inicial e continuada, mas existem lacunas em situações ainda novas para a escola (apesar de constantes em nossa sociedade); como as novas tecnologias, as crianças e os jovens em situação de risco, as condições concretas de trabalho do professor e as concepções educativas dos professores do ensino superior, como bem explicitam Romanowski e André (2002):

A formação política do professor, suas condições de trabalho, formas de associação profissional, questões salariais e de carreira são conteúdos muito pouco investigados. A formação de professores para atuar em movimentos sociais e com crianças em situação de risco é totalmente silenciada. Ainda que se encontre algumas pesquisas sobre a formação do professor para o ensino superior e para os cursos profissionalizantes, para atuar junto aos portadores de dificuldades especiais e no ensino rural, é evidente que estes conteúdos mereceriam muito mais atenção nas pesquisas. A educação a distância na formação continuada é outro conteúdo pouquíssimo pesquisado. A relação do professor com as práticas culturais é outro conteúdo quase esquecido.

Alguns autores (Gentili, 1998; Dourado, 2002; Freitas, 1995; Kuenzer, 2005) têm apontado para o desmonte da formação iniciada em nosso país a par das tendências do Estado neoliberal que transforma a educação em mais uma mercadoria. Dourado (2002, p. 2) aponta que,

No caso brasileiro, demarcado historicamente por um Estado patrimonial as arenas tradicionais do poder político sofrem alguns ajustes na direção da mercantilização das condições societais, agravando ainda mais o horizonte das conquistas sociais, ao transformar direitos em bens, subjugando o seu usufruto ao poder de compra do usuário, mercantilizando as lutas em prol da cidadania pelo culto às leis do mercado. Esse mote político e econômico, no caso brasileiro, implicou na última década uma maior concentração de riquezas, incremento da corrupção, privatização da esfera pública e, consequentemente, o alargamento das injustiças sociais e a diversificação e intensificação dos processos de exclusão social.

Com isso, segundo o autor, a educação vai, aos poucos, perdendo sua função de maior excelência, que é a humanização, como consequência dessa postura na esfera educacional que é nefasta, como bem aponta o autor citado, ao afirmar:

> *Nos últimos anos, esse processo expansionista foi deliberadamente conduzido pelas políticas oficiais, tendo se consubstanciado por natureza e caráter predominantemente privado, como a criação de novas IES, a criação de novos cursos e formatos organizativos, reestruturação das IES, entre outras. Tais políticas têm resultado em um intenso processo de massificação e privatização da educação superior no Brasil, caracterizado pela precarização e privatização da agenda científica, negligenciando o papel social da educação superior como espaço de investigação, discussão e difusão de projetos e modelos de organização da vida social, tendo por norte a garantia dos direitos sociais. A LDB e o PNE, com os vetos presidenciais no que se refere ao financiamento, revelam a lógica intrínseca à política deliberada de privatização da educação superior. Articulado a esses instrumentos legais descortina-se no país um sistema nacional de avaliação que estimula as IES à condição de instituições operacionais, por meio de testes estandardizados que metamorfoseiam as instituições, alteram a lógica do trabalho acadêmico, redirecionam a estrutura e os projetos acadêmicos, balizados por políticas de gerenciamento cartorial, ao sabor das exigências do mercado, naturalizando, desse modo, a privatização do ensino superior.* (Dourado, 2002, p. 9)

Sobre o trabalho do professor temos observado que muitos autores (Pimenta, 2006; Libâneo, 2002; Nóvoa, 1997) iniciaram suas discussões passando pelos conceitos de formação inicial e continuada, sob os aspectos do professor, pesquisador, reflexivo etc., e também, mais recentemente, encontramos uma discussão acerca das chamadas *novas competências*, que hoje se apresentam aos trabalhadores da educação, chamando-nos para o debate sobre a necessidade de novas posturas educacionais que considerem não só o saber que a criança e o jovem trazem para a escola, mas também, e principalmente, a vida desse indivíduo fora da escola, mais especificamente a sua inserção no mundo do trabalho.

Historicamente, o professor tem sido desvalorizado e desqualificado em nossa sociedade. Isso se verifica nos índices cada vez menores de procura pelos cursos de formação, na legislação, nas políticas públicas, conforme apontam as pesquisas realizadas pela Confederação Nacional dos Trabalhadores em Educação – CNTE (2001).

É o que se percebe no sistema educacional brasileiro, no qual os nexos que definem a organização escolar determinam uma expropriação do trabalho do professor tirando dele a possibilidade de realização humana. A educação, como trabalho humano, é uma ação social em constante mudança, por isso mesmo as políticas educacionais que acompanham as políticas sociais de modo mais amplo apresentam uma característica peculiar (Pimenta, 1997), que é o direto ou indireto envolvimento das determinações estatais, reflexo sempre das forças sociais articuladas em cada momento e espaço históricos. O Estado tem aqui então um papel essencial e o acompanhamento de suas determinações acaba por ser obrigatória em todos os estudos, pois:

Sem a aspereza presente no discurso da competitividade, característico do início dos anos 1990, o Estado, no final da década, com a retórica da profissionalização, introduziu sub-repticiamente a ideologia do gerencialismo nas instituições educacionais, não só pela via da administração escolar, mas também ceifando a formação de professores. A reforma, construída sob o discurso da falência do ensino e da desqualificação do professor, prestou-se para ampliar ainda mais estas mazelas. (Shiroma; Evangelista, 2003, p. 77)

Assim como a trajetória dos cursos de formação de professores sempre demonstrou suas contradições, o que vemos neste momento é a necessidade de investigação da inserção social desses profissionais, pois somente na realidade é que podemos encontrar os subsídios para uma formação efetiva que garanta um profissional comprometido com o avanço e a constituição de uma nova sociedade.

Com relação à formação de professores, é preciso entender a didática como uma área que tem na sua especificidade o estudo da prática pedagógica e que ela precisa ocupar-se do processo de ensino-aprendizagem. Assim, entendemos que essa é uma disciplina essencial para a formação do profissional da educação que a licenciatura pretende preparar. Essencial por tratar das questões relativas ao processo de ensinar e consequentemente de aprender e por trabalhar as questões fundamentais relativas às tomadas de decisão que o professor deverá fazer na sua prática cotidiana.

A didática como uma disciplina que pretende ser práxis, ou seja, uma disciplina que consiga articular teoria e prática no cotidiano escolar pode subsidiar o licenciando em todos os elementos constitutivos da dinâmica escolar, quais sejam: a reflexão pedagógica necessária à implementação de um projeto educativo, com suas concepções explicitadas através de seus planejamentos e efetivadas através de sua dinâmica cotidiana. Todo profissional da educação precisa refletir sobre os componentes educativos presentes em nossa sociedade atual e especificamente sobre o elemento formal mais utilizado: a escola. Precisa conhecer e compreender as determinações externas a esse ambiente, como políticas sociais e econômicas nacionais e, hoje mais do que nunca, internacionais; e suas determinações internas que se revelam na organização diária de seu trabalho, desde as relações entre o corpo docente e equipe administrativo-pedagógica até a relação com o corpo discente na sua especificidade de relação educativa.

A didática precisa apontar para os licenciandos essas dimensões, não tão profundamente quanto a disciplina de estrutura e funcionamento de ensino no que diz respeito às determinações externas da escola e a disciplina de psicologia da educação a respeito das teorias da aprendizagem, mas utilizando-as (não só estas, mas também outras disciplinas como sociologia e filosofia da educação) como vínculos essenciais à sua especificidade, visto que o homem, por ser histórico, não vive em "gavetas" ou compartimentos, mas sim em relações, o que nos leva à compreensão de que não podemos pensar o aluno, seja ele criança, jovem, adulto ou idoso sem pensar em sua história, sua constituição social, enfim, sua vida. A escola e o professor necessariamente precisam vincular-se a essa vida, caso contrário, deixam de ter sentido.

É importante salientar que estar vinculado à vida não significa o trabalho com conteúdos de necessidade imediata simplesmente, mas sim o trabalho com conteúdos significativos como resultado da construção histórica do homem, que, ao serem apropriados pelos indivíduos, possibilitam-lhes a autonomia necessária ao seu desenvolvimento como ser humano. Isso nos leva ao constante e necessário questionamento do que pretendemos, que conteúdos seriam essenciais a cada nível de ensino, quais as maneiras mais adequadas de trabalhar com esses conteúdos e ainda quais estratégias avaliativas seriam as mais coerentes com toda a proposta educativa que se elaborou.

Síntese

Neste capítulo, vimos que, em didática, debruçamo-nos com maior cuidado sobre o ensino por entendermos que este, junto da aprendizagem, forma um par dialético, constituindo-se de forma indissolúvel, pois só há aprendizagem quando há ensino e não há ensino caso a aprendizagem não ocorra, portanto é preciso "investir" no ensino. Para isso aproveitamos as teorias sociais e psicológicas que nos informam como o ser humano aprende, aplicando-as às teorias pedagógicas que nos apontam a melhor forma de ensinar.

Essa melhor forma de ensinar está intimamente ligada à concepção de homem que se quer formar, pois é ela que, em última análise, determinará a organização do processo contemplando os objetivos que se pretende atingir, o conteúdo a ser ensinado, os procedimentos metodológicos a serem tomados e a forma de avaliação a ser realizada. É a concepção de que homem queremos formar que determina a minha direção pedagógica e consequentemente a minha didática. Isso torna bastante clara a importância dessa disciplina no âmbito da formação profissional do educando que precisa discutir e aprofundar as teorias pedagógicas em busca do entendimento das relações de que cada uma delas pressupõe. A opção por um ensino tradicional, tecnicista ou, ainda, histórico passa necessariamente pelo domínio dos pressupostos teóricos de cada um.

Os paradigmas de docência presentes em cada tendência precisam ser desvelados ao futuro professor em seus cursos de formação para que, ao conhecê-los, faça suas opções de forma coerente, e não apenas por modismos ou imposições.

Indicações culturais

- ESCRITORES da liberdade. Diretor: Richard La Gravenese. Produção: Paramount Pictures. Alemanha: UIP, 2007. Trata da questão de relacionamento e encaminhamento didático.
- ENCONTRANDO Forrest. Direção: Gus Van Sant. Produção: Sean Connery. Estados Unidos da América: Columbia Pictures, 2000. Aborda a forma de encaminhamento didático, quando um escritor famoso orienta o estudo de um jovem.

Atividades de autoavaliação

1) Assinale V (verdadeiro) ou F (falso) de acordo com as afirmativas a seguir:

   ( ) É importante que o professor esteja preparado para, na sua prática junto aos alunos, proporcionar meios efetivos de transmissão e apropriação dos conhecimentos, além de outros mecanismos de formação que visem à humanização dos alunos.

   ( ) A formação de professor é centrada nas normas, na precedência das leis sobre a atualidade.

   ( ) A formação de professores é meramente instrumental, e o educando é encarado como um técnico, que deve organizar da melhor maneira possível os meios para alcançar, com eficiência, os resultados previamente planejados.

   ( ) A questão da teoria e da prática é uma relação que se resume à formação de professores e à educação geral e não pertence à discussão da sociedade como um todo.

2) Marque a alternativa correta sobre a relação entre teoria e prática:

a) A teoria nega a prática enquanto prática imediata, isto é, nega a prática como um fato dado para revelá-la em suas mediações e como prática, ou seja, como atividade social reprodutora e produtora da existência. A teoria nega a prática como comportamento e ação dados, mostrando que se trata de processos históricos determinados pela ação dos homens, que depois passam a determinar suas ações.

b) A prática nega a teoria como um saber unido, como puro movimento de ideias se produzindo umas às outras na cabeça dos teóricos. Nega a teoria como um saber acabado que guiaria e comandaria de fora a ação dos homens.

c) Essa relação defende a unidade entre teoria e prática, na linha da práxis, ou seja, alega que ambas as esferas, embora distintas, relacionam-se intrinsecamente, mantendo entre si autonomia relativa, uma interdependência.

d) Na visão de unidade, a teoria é um conjunto de regras, normas e conhecimentos sistematizados *a priori*, passando a ser formulada a partir das necessidades concretas da realidade educacional, à qual busca responder através da orientação de linhas de ação.

3) Assinale V (verdadeiro) ou F (falso) de acordo com as afirmativas:

( ) O professor deve articular no seu fazer pedagógico, ou seja, nas dimensões do "o que ensinar" e do "como ensinar", as questões mais gerais relativas ao "por que educar" e ao "para quem" destina-se a educação.

( ) A formação de professores articula-se intimamente à organização do contexto social mais amplo, visto que as determinações sociais indicam a formação desejada e esperada em cada momento histórico.

( ) A compreensão mais profunda do sucesso da formação de professores implica uma reestruturação sobre o significado do processo educativo, na sua relação com o processo mais amplo de constituição e desenvolvimento histórico-social do ser humano.

( ) Mesmo com a valorização social do professor e da escola em geral, as famílias continuam acreditando nessa instituição, o que aponta para a responsabilização do trabalho docente, não mais como uma missão, mas como profissão que, ao atuar indiretamente com pessoas, crianças, jovens, adultos e idosos, contribui com a humanização de cada um.

4) Assinale a alternativa correta de acordo com a escola e a formação do professor:

a) A facilidade com que a pedagogia toyotista se apropria, sempre do ponto de vista do capital, de concepções elaboradas pela pedagogia socialista estabelece uma ambiguidade nos discursos e nas práticas pedagógicas.

b) A superação dos limites é possível pela categoria "contradição", que permite compreender que o capitalismo traz inscrita em si a semente de desenvolvimento e de sua transformação.

c) A escola e a formação do professor são conclamadas a trabalhar com as noções de competência e flexibilidade, visto que o trabalhador atual precisa estar preparado para adaptar-se a qualquer trabalho, a qualquer situação.

d) A realidade é sempre certa, complexa e as suas determinações nem sempre se mostram com clareza, exigindo que a observação possa captar a realidade dentro de suas múltiplas relações e determinações.

5) Assinale a alternativa correta na que se refere ao campo de estudos da didática:

a) A didática é uma disciplina que não consegue articular teoria e prática no cotidiano escolar, não fazendo uma reflexão pedagógica na implementação de um projeto educativo.

b) A didática é essencial na formação do profissional em educação, pois ensina a forma correta de ser um bom profissional, sendo uma disciplina em que os conteúdos são trabalhados de maneira isolada, sem interferência de outras disciplinas do curso de formação profissional.

c) Entendemos em didática que a aprendizagem forma um par dialético de forma solúvel, que só há aprendizagem quando existe ensino e que não houve ensino se a aprendizagem não ocorreu.

d) Os conteúdos trabalhados na escola não são necessariamente imediatos, mas resultado da construção histórica do homem, possibilitando a autonomia necessária ao seu desenvolvimento como ser humano.

Atividades de aprendizagem

Questões para reflexão

1) Analise como a disciplina didática foi tratada em seu curso superior, observando as questões que indicamos no texto.
2) Redija um texto em que você indique seus melhores professores no decorrer de sua vivência acadêmica, ressaltando as características didáticas de cada um deles.

Atividade aplicada: prática

Procure saber, por meio de uma pesquisa na biblioteca e/ou na Secretaria de Educação, quais eram as exigências para o cargo de professor de ensino fundamental e de ensino superior há 10 ou 20 anos, comparando-as com as exigências atuais.

Considerações finais

A didática, conforme escrevemos, é uma das áreas mais fascinantes e mais intrigantes na área educacional. Fascinante porque diz respeito ao âmago do processo pedagógico e intrigante porque, ao mesmo tempo que é tão essencial, é negligenciada.

Nenhuma pessoa admite que um bom professor possa "não ter didática", porém nos cursos de formação esta costuma ser uma disciplina "fria", ou seja, uma disciplina de importância menor.

Isso tem tido um efeito bastante prejudicial ao ensino em todos os níveis.

Por essa razão, propomos a discussão da didática neste material a partir de algumas premissas, que são: seu contexto histórico, os elementos constitutivos, o processo de ensino-aprendizagem e a formação de professores.

A didática, como todas as áreas do conhecimento humano, sempre esteve atrelada às concepções educativas vigentes em cada época desenvolvendo-se coerentemente com as conquistas humanas. Como ciência, firma-se a partir do momento em que os homens questionam os modelos existentes e preocupam-se com a forma de ensinar, porém como conhecimento humano poderíamos pensar que ela está presente desde o momento em que o homem organizou uma maneira de transmitir seus conhecimentos e/ou informações aos seus semelhantes. Ou seja, poderíamos imaginar que, todas as vezes que o homem pensou em como faria para ensinar algo aos seus filhos e/ou companheiros, ele estaria exercitando uma prática pedagógica que denominamos *didática*.

Hoje entendemos que a didática possui um campo específico: o campo da prática pedagógica com um elemento essencial, o processo de ensino-aprendizagem. Esse processo acontece pressupondo uma rede de ligações entre vários elementos que podem ser isolados para a análise, mas não ocorrem na realidade social isoladamente.

Desde que Comenius afirmou que seria possível ensinar tudo a todos, a sociedade busca em todas as áreas do conhecimento provar ou refutar esta afirmação e, ao fazer isso, demonstra-nos o que pretende.

No momento histórico em que Comenius (1966) escreveu sua *Didática magna*, ele precisava provar que os homens não nasciam predeterminados ao saber ou à ignorância; sua obra, assim como a obra de todos os pensadores, tem uma vital importância para entendermos que o homem sempre busca o saber e que, em cada época, esse saber se atrela a determinado grupo hegemônico que o distribui arbitrariamente de acordo com seus interesses.

O avanço científico da humanidade, em todas as áreas do conhecimento, provou-nos que o equívoco de Comenius foi tentar estabelecer um método único de ensino para todas as pessoas e para todos os conhecimentos, porém a sua afirmação de que todos são capazes de aprender a cada dia torna-se mais verdadeira, pois a ciência avança propiciando aprendizagem até às pessoas com déficits e/ou necessidades especiais.

A cada dia, noticia-se a invenção ou a descoberta de aparelhos e/ou técnicas capazes de proporcionar ao indivíduo a superação de suas dificuldades. Na educação, quando um aluno não aprende, debruçamo-nos em busca das causas e das possíveis alternativas e caminhos, pois não aceitamos, ou melhor, não deveríamos aceitar que algum aluno possa não aprender. Aqui se explicita o lugar da didática.

Dessa maneira, fica clara a importância da didática como uma disciplina de cunho crítico em busca constantemente da melhor formação do licenciado ao mesmo tempo que é uma disciplina que busca a discussão do como organizar o ensino no seu cotidiano, fazendo com que os docentes, ou futuros docentes, reflitam sobre a sua prática cotidiana, percebendo que ela pode lhes dar elementos de aperfeiçoamento. Em didática temos a possibilidade da reflexão aliada à concretização, pois com certeza não nos basta apontar as falhas do processo educativo, mas devemos construir e partilhar ações concretizadoras de novas alternativas pensando, como Paulo Freire (1985) nos "utópicos viáveis", ou seja, nos espaços contraditórios da nossa sociedade, que possibilitam a busca de uma nova sociedade, que não sirva mais ao mercado, mas sim à humanização.

Os estudos na área nos auxiliam na constatação de que historicamente a didática trilhou um caminho de luta para afirmar-se como disciplina pedagógica, deixando de ser apenas normativa para tornar-se crítica, reflexiva e essencial na formação do licenciado. Em nosso país os jesuítas inauguram a educação formal baseando-se em preceitos tradicionais associados à aceitação da "essência humana universal e imutável", o que determina uma prática pedagógica e, consequentemente, uma didática alheias à transformação. Com os jesuítas identificamos uma ação formal baseada em um roteiro de ações a serem seguidas formalmente, prescritas coerentemente com o contexto da época. O professor precisa seguir essas regras para orientar o aluno e o estudo.

Com a influência do positivismo, o Estado passa a responsabilizar-se pela educação, pois, como bem aponta Nóvoa (1997), esse é um grande espaço de "legitimação da ideologia estatal". Ainda impregnada pela herança religiosa, a prática pedagógica mantém a visão essencialista do homem, porém associando-o à noção de natureza humana, essencialmente racional. Conhecemos essa vertente pedagógica como *pedagogia tradicional leiga* por caracterizar-se pela permanência dos pressupostos da educação humanista religiosa em que a relação pedagógica desenvolve-se de forma hierarquizada e verticalista, ou seja, o professor é a autoridade e o aluno é o aprendiz que deve seguir suas orientações. Continuamos com a didática dentro do entendimento de um conjunto de regras meramente formais e prescritivas completamente desvinculadas da prática social. Em seguida passamos por um período de questionamento dos modelos hegemônicos em nossa sociedade e, assim como no âmbito político-econômico, na educação os valores são questionados e novas ideias tomam fôlego. Com a organização do ensino universitário teremos a disciplina "metodologia do ensino secundário", que equivaleria à atual didática das licenciaturas, porém com a ênfase nos centros de interesse, unidades didáticas, técnica de fichas didáticas etc., com uma preocupação exclusiva de atender aos alunos sob uma visão técnica e meramente escolar, ignorando-se o "além muro das escolas".

Com a importação da tecnologia educacional dos Estados Unidos e com o crescimento dos acordos feitos entre este e o nosso país, passamos a ter uma forte influência pragmatista e liberal nos encaminhamentos metodológicos, sobrepondo-os à aquisição do conhecimento, colocando mais uma vez a didática às voltas com as variáveis do processo educativo sem considerar o contexto político-social. A organização racional do processo é a mola propulsora da didática, coerente com o sistema ditatorial vivido na época. A principal preocupação dos educadores passa a ser com os planejamentos formais, a elaboração de materiais instrucionais simplesmente e o grande "sucesso" da época é o livro didático, por explicar direitinho como o professor deveria ensinar.

Vivemos momentos de questionamento dessas posturas a partir do momento em que a abertura gradual do sistema aponta para a possibilidade de questionamentos que na educação aconteceram de forma intensa, apontando o caráter reprodutivista da educação. Junto desses questionamentos, a didática passa a ser duramente questionada por estar completamente descontextualizada. Muitos autores questionam a necessidade dessa disciplina, que vem perdendo sua identidade. Em busca dessa identidade, a didática aponta novos rumos, afirmando-se dentro do campo de pesquisa educacional como uma disciplina essencial para a formação do profissional da educação. A década de 1980 vai nos mostrar vários estudiosos em busca desse objetivo.

Com a pedagogia crítica, apontam-se as alternativas para a didática, que, segundo Veiga (2006), Candau (2005) e outros, tem condições de avançar além do formalismo, compreendendo a ação pedagógica como uma forma de relação humana e, como tal, sujeita às interferências históricas e sociais presentes em toda a sociedade. Nestes últimos anos, temos acompanhado a proposição de várias opções dentro da área da didática com ênfases mais ou menos diferenciadas, algumas considerando a formação do professor a partir dos estudos acadêmicos, outras buscando a contextualização mais política do professor e outras ainda defendendo a percepção do cotidiano desse profissional como um instrumento de reflexão e, portanto, de formação.

Ao sair do pressuposto mecânico da normatização simplista, busca a compreensão humana do contexto sócio-político-econômico da instituição escolar e o contexto histórico, concreto de seus agentes fundamentais – profissionais e alunos. A didática contribui para o desvelamento do real, identificando as ideologias subjacentes a cada teoria de ensino e de aprendizagem, levando o professor à consciência de que é preciso ter clareza do que se pretende para se ter coerência no agir. O consenso atual é que a formação do professor precisa ser contínua, e não mais limitada a cursos rápidos e descontextualizados. A didática atual pretende mostrar aos profissionais que essa formação deve estar articulada ao seu cotidiano, ou seja, a realidade diária desse profissional pode ser uma fonte constante de pesquisa, pois, ao refletir sobre sua prática, sua história e suas pretensões, possibilita o avanço e o amadurecimento profissional.

Nessa trajetória, ainda inconclusa, não podemos deixar de destacar que, em situação alguma, a didática pode ser entendida fora do contexto social mais amplo, visto que a formação dos professores está vinculada intimamente aos projetos sociais mais amplos, bem como se faz necessário o entendimento de que educação escolar é formação humana e, como tal, precisa, urgentemente, tornar-se prioridade. Não apenas em discurso, mas em concretude.

A formação dos professores tem como eixo básico a didática, e é por essa razão que não optamos por qualquer didática que funcione.

A didática hoje precisa responder aos desafios de humanização que a escola exige. Para tanto, ela só pode ser uma didática contextualizada, que entenda as determinações sociais mais amplas, perceba as contradições possíveis e avance, garantindo o acesso ao efetivo conhecimento.

Não podemos esquecer que este é o principal papel da escola e consequentemente da didática: garantir o aprendizado de nossos alunos.

Glossário[▼]

Acordos MEC-Usaid – Acordos bilaterais firmados nos anos de 1960 entre o Ministério da Educação brasileiro e a Agência para o Desenvolvimento Internacional dos Estados Unidos. Os acordos tinham como objetivo firmar convênios baseados em assistência técnica e financeira voltados para projetos específicos na educação brasileira. Chegaram a ser firmados 12 acordos entre 1964 e 1968. Por meio deles, os Estados Unidos dirigiam as diretrizes da nossa educação, levando-as a atenderem os interesses do capital internacional. Os Acordos MEC-Usaid influenciaram nas reformas da educação durante o regime militar, especialmente a reforma do ensino superior (Lei nº 5.540/1968), e a Lei nº 5.692/1971, que reformou os ensinos de primeiro e segundo graus. Conferir, para aprofundamento, Romanelli, 1980.

Centro de interesse – Baseados nas ideias de Decroly, os centros de interesse visam principalmente a uma aquisição intelectual, com os conhecimentos nascendo das necessidades da criança, em que o professor organiza e prepara o material e as atividades, mas não executa uma ação diretiva de maneira mais intensa.

[▼] O Glossário foi baseado em: Houaiss; Villar, 2001; Sampaio, 1994.

Dialética – s.f. 1) fil. Em sentido bastante genérico, oposição, conflito originado pela contradição entre princípios teóricos ou fenômenos empíricos, lei que caracteriza a realidade como um movimento incessante e contraditório, condensável em três momentos sucessivos (tese, antítese e síntese) que se manifestam simultaneamente em todos os pensamentos humanos e em todos os fenômenos do mundo material.

Epistêmico – Relativo a epistema ou episteme (conhecimento ou saber como um tipo de experiência); puramente intelectual ou cognitivo.

Patrimonialismo – Forma de organização social que se sustenta no patrimônio considerado como conjunto de bens, materiais e não materiais, mas com valor de uso e de troca, e que podem pertencer a um indivíduo ou a uma empresa, pública ou privada.

Práxis – Designa toda a atividade humana, na qual está materializada a unidade teoria e prática.

Síntese – Método, processo ou operação que consiste em reunir elementos diferentes, concretos ou abstratos, e fundi-los num todo coerente.

Sociedades comunais – Caracterizavam-se pela sua economia baseada na caça e coleta ou, posteriormente, na agricultura. O trabalho era realizado coletivamente, cada indivíduo ou grupo com determinada função específica (divisão do trabalho principalmente pelo sexo e idade), e os frutos do trabalho eram repartidos entre os membros da comunidade, sem acumulação por parte de um pequeno grupo.

- FREITAS, L. C. de. **Crítica da organização do trabalho pedagógico e da didática**. Campinas: Papirus, 1995. 288 p.

Nessa obra o autor faz uma análise de como a escola e os professores têm organizado o trabalho pedagógico, buscando discutir os elementos desse processo intimamente vinculado à prática social mais ampla.

- LUCKESI, C. C. **Avaliação da aprendizagem escolar**. 9. ed. São Paulo: Cortez, 1999.

Essa obra foi uma das primeiras a sistematizar as discussões a respeito da avaliação escolar de maneira profunda, apresentando proposições e discussões pertinentes à discussão de todo o processo de formação de professores e de organização do trabalho pedagógico.

- MARTINS, P. L. O. **Didática teórica/didática prática**: para além do confronto. 7. ed. São Paulo: Loyola, 2002.

A autora apresenta nesse livro a sistematização da discussão sobre a formação de professores, demonstrando que ela acontece, em muitos aspectos, completamente desvinculada da realidade em que esses professores atuam. Traz ainda uma proposição bastante intensa de uma alternativa pedagógica a essa formação desconectada da realidade.

- SAVIANI, D. **Pedagogia histórico-crítica**: primeiras aproximações. 7. ed. Campinas: Autores Associados, 2000.

Já considerada quase como uma obra clássica, Saviani

aponta nessa obra os elementos de uma crítica pedagógica consciente de seu papel social e exigente com as questões sociais mais amplas que se colocam no trabalho escolar.

- VEIGA, I. P. A. Ensinar: uma atividade complexa e laboriosa. In: ____. (Org.). **Lições de didática**. Campinas: Papirus, 2006.

Nessa obra a autora reúne vários pesquisadores da área de didática, discutindo diferentes aspectos do processo de ensino-aprendizagem a partir de pesquisas e estudos aprofundados na área.

Referências gerais

ABICALIL, C. A. Sistema nacional de educação básica: nó da avaliação? **Educação & Sociedade**, Campinas, v. 23, n. 80, p. 253-274, set. 2002.

ANTUNES, R. **Adeus ao trabalho?** 10. ed. São Paulo: Cortez, 2005.

ARRUDA, J. J. de A. **História Antiga e Medieval**. São Paulo: Ática, 1987.

ASSOCIAÇÃO NACIONAL DE PÓS-GRADUAÇÃO E PESQUISA EM EDUCAÇÃO. **Quem somos nós?** Disponível em: <http://www.anped.org.br/inicio.htm>. Acesso em: 24 abr. 2008.

ASSOCIAÇÃO NACIONAL PELA FORMAÇÃO DE PROFISSIONAIS DA EDUCAÇÃO. Disponível em: <http://lite.fae.unicamp.br/anfope/>. Acesso em: 24 abr. 2008.

BACHELARD, G. Conhecimento comum e conhecimento científico. **Tempo Brasileiro**, São Paulo, n. 28, p. 47-56, jan./mar. 1972.

BRASIL. Lei n. 9.394, de 20 de dezembro de 1996. Estabelece as diretrizes e bases da educação nacional. **Diário Oficial [da] República Federativa do Brasil**, Brasília, DF, 23 dez. 1996. Disponível em: <http://www.planalto.gov.br/CCIVIL_03/LEIS/L9394.htm>. Acesso em: 16 fev. 2008.

BRASIL. Ministério da Educação. Secretaria de Educação Superior. **Proposta de diretrizes curriculares para o curso de Pedagogia**. Brasília, DF: MEC, 1999. Disponível em: <http://www.mec.gov.br/sesu/diretriz.htm>. Acesso em: 1º maio 2005.

BRASIL. Ministério da Educação. Conselho Nacional de Educação. Parecer n. 133, de 30 de janeiro de 2001. Esclarecimentos quanto à formação de professores para atuar na Educação Infantil e nos Anos iniciais do Ensino Fundamental. Relatores: Éfrem de Aguiar Maranhão, Silke Weber, Francisco César de Sá

Barreto, Roberto Cláudio Frota Bezerra. Disponível em: <http://portal.mec. gov.br/cne/arquivos/pdf/ces133.pdf>. Acesso em: dez. 2007.

CALAZANS, F. J. **A época pombalina**: política, economia e monarquia ilustrada. São Paulo: Ática, 1982.

CANDAU, V. M. (Org.). **A didática em questão**. Petrópolis: Vozes, 1984.

_____. **Rumo a uma nova didática**. 16. ed. Petrópolis: Vozes, 2005.

CANDAU, V. M.; LELIS, I. A. A relação teoria-prática na formação do educador. In: CANDAU, V. M. (Org.). **Rumo a uma nova didática**. 16. ed. Petrópolis: Vozes, 2005. p. 56-72.

CASTANHO, M. E. A dimensão intencional do ensino. In: VEIGA, I. P. A. (Org.). **Lições de didática**. Campinas: Papirus, 2006. p. 35-56.

CASTRO, A. D. de. A trajetória histórica da didática. In: SÃO PAULO. Secretaria de Estado da Educação Fundação para o Desenvolvimento da Educação. **A Didática e a Escola de 1º Grau**. São Paulo: FDE, 1991. p. 15-25. (Série Ideias, n. 11).

CHERVEL, A. **La culture scolaire**: une approche historique. Paris: Belin, 1998.

_____. História das disciplinas escolares: reflexões sobre um campo de pesquisa. **Teoria & Educação**, Porto Alegre, n. 2, p. 177-229, 1990.

CHEVALLARD, Y. **La transposition didactique**: du savoir savant au savoi enseigné. Grenoble: La Penseé Sauvage, 1991.

COMENIUS, J. A. **Didáctica Magna**. Lisboa: Fundação Calouste Gulbenkian, 1966.

CONFEDERAÇÃO NACIONAL DA INDÚSTRIA. **Educação para a nova indústria**: uma ação para o desenvolvimento sustentável. Brasília: CNI, 2007.

CONFEDERAÇÃO NACIONAL DOS TRABALHADORES EM EDUCAÇÃO. **Retrato da Escola**. Brasília, 1999. 1 CD-ROM.

_____. **Retrato da Escola II**. Brasília, 2001. 1 CD-ROM.

DAMIS, O. T. **O conteúdo implícito do ato de ensinar**. Campinas: Papirus, 1990.

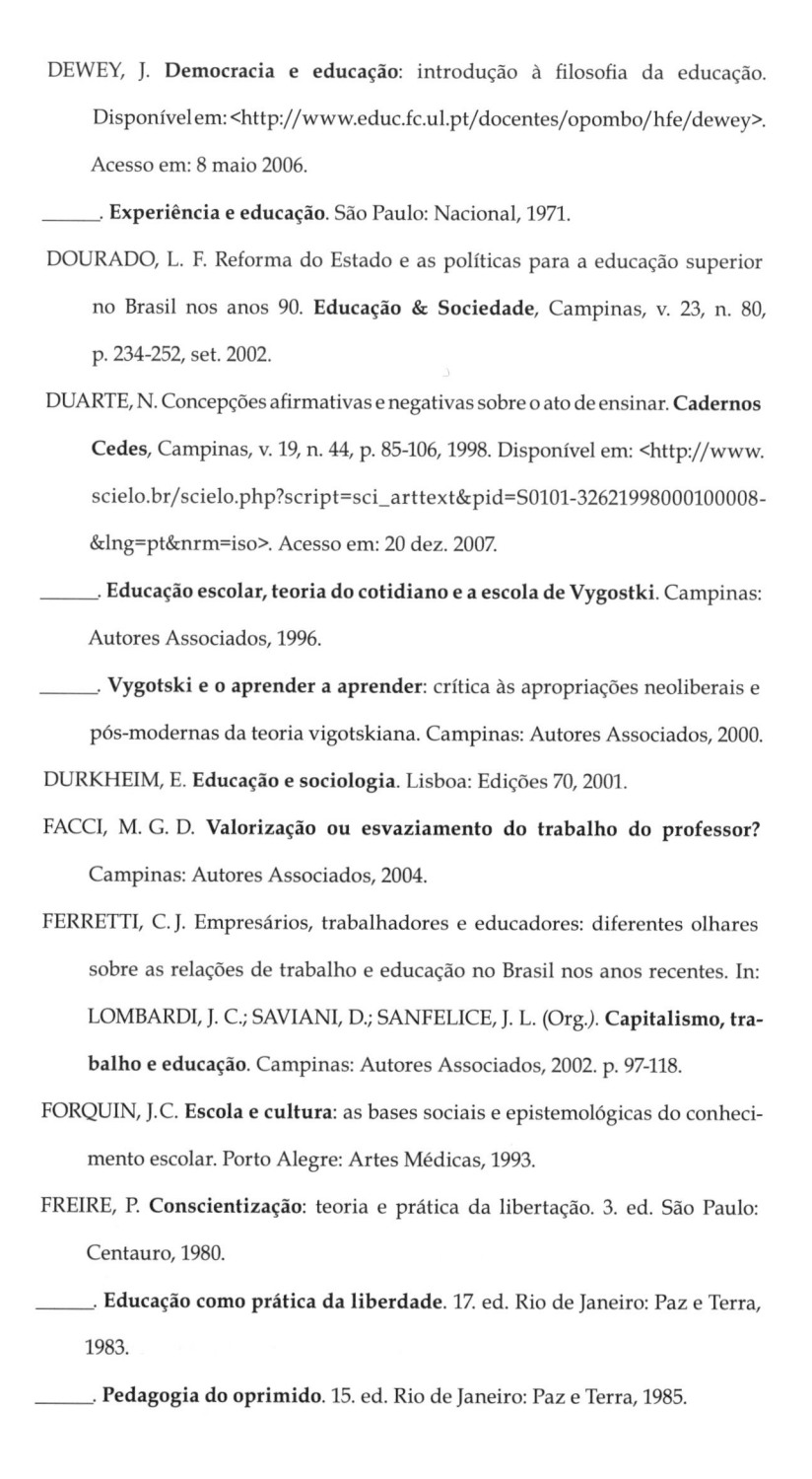

DEWEY, J. **Democracia e educação**: introdução à filosofia da educação. Disponível em: <http://www.educ.fc.ul.pt/docentes/opombo/hfe/dewey>. Acesso em: 8 maio 2006.

_____. **Experiência e educação**. São Paulo: Nacional, 1971.

DOURADO, L. F. Reforma do Estado e as políticas para a educação superior no Brasil nos anos 90. **Educação & Sociedade**, Campinas, v. 23, n. 80, p. 234-252, set. 2002.

DUARTE, N. Concepções afirmativas e negativas sobre o ato de ensinar. **Cadernos Cedes**, Campinas, v. 19, n. 44, p. 85-106, 1998. Disponível em: <http://www.scielo.br/scielo.php?script=sci_arttext&pid=S0101-32621998000100008-&lng=pt&nrm=iso>. Acesso em: 20 dez. 2007.

_____. **Educação escolar, teoria do cotidiano e a escola de Vygostki**. Campinas: Autores Associados, 1996.

_____. **Vygotski e o aprender a aprender**: crítica às apropriações neoliberais e pós-modernas da teoria vigotskiana. Campinas: Autores Associados, 2000.

DURKHEIM, E. **Educação e sociologia**. Lisboa: Edições 70, 2001.

FACCI, M. G. D. **Valorização ou esvaziamento do trabalho do professor?** Campinas: Autores Associados, 2004.

FERRETTI, C. J. Empresários, trabalhadores e educadores: diferentes olhares sobre as relações de trabalho e educação no Brasil nos anos recentes. In: LOMBARDI, J. C.; SAVIANI, D.; SANFELICE, J. L. (Org.). **Capitalismo, trabalho e educação**. Campinas: Autores Associados, 2002. p. 97-118.

FORQUIN, J.C. **Escola e cultura**: as bases sociais e epistemológicas do conhecimento escolar. Porto Alegre: Artes Médicas, 1993.

FREIRE, P. **Conscientização**: teoria e prática da libertação. 3. ed. São Paulo: Centauro, 1980.

_____. **Educação como prática da liberdade**. 17. ed. Rio de Janeiro: Paz e Terra, 1983.

_____. **Pedagogia do oprimido**. 15. ed. Rio de Janeiro: Paz e Terra, 1985.

FREITAS, H. C. L. de. Certificação docente e formação do educador: regulação e desprofissionalização. **Educação & Sociedade**, Campinas, v. 24, n. 85, p. 1095-1124, dez. 2003.

FREITAS, L. C. de. **Crítica da organização do trabalho pedagógico e da didática**. Campinas: Papirus, 1995. 288 p.

_____. Projeto histórico, ciência pedagógica e "didática". **Educação & Sociedade**, Campinas, v. 9, n. 27, p. 122-140, set. 1987.

FRIEDMAN, M. **Capitalismo e liberdade**. São Paulo: Abril Cultural, 1984.

FRIGOTTO, G.; CIAVATTA, M. Educar o trabalhador cidadão produtivo ou o ser humano emancipado? In: FRIGOTTO, G.; CIAVATTA, M. (Org.). **A formação do cidadão produtivo**: a cultura do mercado no ensino médio técnico. Brasília: Inep, 2006. p. 55-70.

GASPARIN, J. L. **Uma didática para a teoria histórico-crítica**. Campinas: Autores Associados, 2002.

GENTILI, P. **A falsificação do consenso**: simulacro e imposição na reforma educacional do neoliberalismo. Petrópolis: Vozes, 1998.

GHIRALDELLI JR., P. **O que é pedagogia?** São Paulo: Brasiliense, 1987.

GRAMSCI, A. **Os intelectuais e a organização da cultura**. Rio de Janeiro: Civilização Brasileira, 1978.

HAYEK, F. **O caminho da servidão**. Rio de Janeiro: Globo, 1977.

HELLER, A. **Cotidiano e história**. 2. ed. Rio de Janeiro: Paz e Terra, 1989.

_____. **Sociologia de la vida cotidiana**. Barcelona: Península, 1977.

HERBART, J. F. **Pedagogia geral**. Lisboa: Fundação Calouste Gulbenkian, 2003. 230 p.

HOBSBAWM, E. J. **A era das revoluções**. Rio de Janeiro: Paz e Terra, 1982.

HOFFMANN, J. **Avaliação mediadora**: uma prática em construção da pré-escola à universidade. 14. ed. Porto Alegre: Mediação, 1998.

_____. **Avaliação**: mito e desafio – uma perspectiva construtivista. 29. ed. Porto Alegre: Mediação, 2000.

HOUAISS, A.; VILLAR, M. de S. **Dicionário Houaiss da Língua portuguesa.** Rio de Janeiro: Objetiva, 2001.

KOPNIN, P. V. **A dialética como lógica e teoria do conhecimento.** Rio de Janeiro: Civilização Brasileira, 1978.

KUENZER, A. Z. A formação de educadores no contexto das mudanças do mundo do trabalho: novos desafios para as faculdades de educação. **Educação & Sociedade**, Campinas, v. 19, n. 63, p. 105-111, ago. 1998.

_____. As políticas de formação: a constituição da identidade do professor sobrante. **Educação & Sociedade**, Campinas, v. 20, n. 68, p. 163-201, 1999.

_____. Exclusão includente e inclusão excludente: a nova forma de dualidade estrutural que objetiva as relações entre educação e trabalho. In: LOMBARDI, J. C., SAVIANI, D.; SANFELICE, J. L. (Org.). **Capitalismo, trabalho e educação.** Campinas: Autores Associados, 2005. p. 77-96.

KUENZER, A. Z.; MORAES, M. C. M. Temas e tramas da pós-graduação em Educação no Brasil. In: MOREIRA, A. F.; PACHECO, J. A. (Org.). **Globalização e educação**: desafios para políticas e práticas. Porto: Editora Porto, 2006.

LIBÂNEO, J. C. **Democratização da escola pública**: a pedagogia crítico social dos conteúdos. 8. ed. São Paulo: Loyola, 1989.

_____. **Didática.** São Paulo: Cortez, 1994. p. 167-190.

_____. _____. 25. ed. São Paulo: Cortez, 2006.

_____. Reflexividade e formação de professores: outra oscilação do pensamento pedagógico? In: PIMENTA, S. G.; GHEDIN, E. (Org.). **Professor reflexivo no Brasil**: gênese e crítica de um conceito. São Paulo: Cortez, 2002. p. 53-80.

LUCKESI, C. C. **Avaliação da aprendizagem escolar.** 9. ed. São Paulo: Cortez, 1999.

LÜDKE, M.; ANDRÉ, M. E. D. A. **Pesquisa em educação**: abordagens qualitativas. 6. ed. São Paulo: EPU, 1986.

LURIA, A. R. **Curso de psicologia geral.** Tradução de Paulo Bezerra. Rio de Janeiro: Civilização Brasileira, 1979.

MACHADO, J. L. A. **John Dewey e a escola ativa**: pelo surgimento de uma nova escola. Disponível em: <http://www.planetaeducacao.com.br/novo/artigo.asp?artigo=447>. Acesso em: 16 fev. 2008.

MARCHELLI, P. S. O sistema de avaliação externa dos padrões de qualidade da educação superior no Brasil: considerações sobre os indicadores. **Ensaio**: Avaliação e Políticas Públicas em Educação (N), Rio de Janeiro, v. 15, n. 56, p. 351-372, jul./set. 2007.

MARTINS, P. L. O. **Didática**. Curitiba: Ibpex, 2007.

_____. **Didática teórica/didática prática**: para além do confronto. 7. ed. São Paulo: Loyola, 2002.

MARX, K. **Manuscritos econômico-filosóficos**. São Paulo: Martin Claret, 2004.

MARX, K.; ENGELS, F. **A ideologia alemã**. Rio de Janeiro: Martins Fontes, 2005.

_____. **Manifesto do Partido Comunista**. São Paulo: Cortez, 1998.

MATUI, J. **Construtivismo**: teoria construtivista sócio-histórica aplicada ao ensino. São Paulo: Moderna, 2005.

MAZZEU, F. J. C. Uma proposta metodológica para a formação continuada de professores na perspectiva histórico-social. **Cadernos Cedes**, Campinas, v. 19, n. 44, p. 59-72, 1998. Disponível em: <http://www.scielo.br/scielo.php?script=sci_art text&pi d=S0101-32621998000100006&lng=pt&nrm=iso>. Acesso em: 10 jan. 2008.

MELLO, G. N. de. **Magistério de 1º grau**: da competência técnica ao compromisso político. São Paulo: Cortez, 1982.

MORAES, M. C. M. de (Org.). **Iluminismo às avessas**: produção do conhecimento e políticas de formação docente. Rio de Janeiro: DP&A, 2003.

MORETTO, V. P. **Construtivismo**: a produção do conhecimento em aula. 4. ed. Rio de Janeiro: DP&A, 2003.

NÓVOA, A. História da educação: novos sentidos, velhos problemas. In: JUSTINO, M. (Org.). **Fazer e ensinar História**. Minho: Universidade do Minho, 1997. p. 35-54.

OLIVEIRA, B.; DUARTE, N. **A socialização do saber escolar**. 2. ed. São Paulo: Autores Associados, 1986.

OLIVEIRA, M. R. N. S. **A reconstrução da didática**: elementos teórico-metodológicos. 2. ed. Campinas: Papirus, 1993.

PERRENOUD, P. **Práticas pedagógicas e profissão docente**: três facetas. Lisboa: Dom Quixote, 1993.

PIMENTA, S. G. (Org.). **Didática e formação de professores**: percursos e perspectivas no Brasil e em Portugal. São Paulo: Cortez, 1997.

_____. **O pedagogo na escola pública**: uma proposta de atuação a partir da análise crítica da orientação educacional. 4. ed. São Paulo: Loyola, 2002.

_____. **Pedagogia, ciência da educação?** 5. ed. São Paulo: Cortez, 2006. p. 39-70.

RAMOS, M. N. **A pedagogia das competências**: autonomia ou adaptação? São Paulo: Cortez, 2001.

_____. _____. 3. ed. São Paulo: Cortez, 2005.

RIOS, T. **Compreender e ensinar**: por uma docência da melhor qualidade. São Paulo: Cortez, 2001.

_____. _____. 6. ed. São Paulo: Cortez, 2006.

ROMANELLI, O. de O. **História da educação no Brasil (1930/1973)**. 2. ed. Petrópolis: Vozes, 1980.

ROMANOWSKI, J. P. Aprender: uma ação interativa. In: VEIGA, I. P. A. (Org.). **Lições de didática**. Campinas: Papirus, 2006. p. 101-122.

ROMANOWSKI, J. P.; ANDRÉ, M. E. D. A. de. O tema formação de professores nas dissertações e teses (1990-1996). In: ANDRÉ, M. E. D. A. de (Org.). **Formação de professores no Brasil**. Brasília: MEC/Inep/Comped, 2002. p. 17-156.

SAMPAIO, R. M. W. F. **Freinet**: evolução histórica e atualidades. 2. ed. São Paulo: Scipione, 1994.

SAVIANI, D. **Escola e democracia**. 3. ed. São Paulo: Cortez, 1984.

_____. **A nova lei da educação**. 5. ed. rev. Campinas: Autores Associados, 1999.

_____. **Pedagogia histórico crítica**: primeiras aproximações. 7. ed. Campinas: Autores Associados, 2000.

SAVIANI, D. **Saber escolar, currículo e didática**. 5. ed. Campinas: Autores Associados, 2006.

SCALCON, S. **A procura da unidade psicopedagógica**: articulando a psicologia histórico-cultural com a pedagogia histórico-crítica. Campinas: Autores Associados, 2002.

SHIROMA, E. O.; EVANGELISTA, O. Um fantasma ronda o professor: a mística da competência. In: MORAES, M. C. M. de (Org.). **Iluminismo às avessas**: produção do conhecimento e políticas de formação docente. Rio de Janeiro: DP&A, 2003. p. 81-98.

SOARES, M. B. O momento atual de revisão da didática. In: SEMINÁRIO A DIDÁTICA EM QUESTÃO, 2., 1983, Rio de Janeiro. **Atas**... Rio de Janeiro, 1983.

SUCHODOLSKI, B. **A pedagogia e as grandes correntes filosóficas**: a pedagogia da essência e a pedagogia da existência. Lisboa: Livros Horizonte, 2000.

TEIXEIRA, A. Dewey e a filosofia da educação. **Boletim Informativo Capes**, Rio de Janeiro, n. 85, p. 1-2, dez. 1959. Disponível em: <http://www.prossiga.br/anisioteixeira/fran/artigos/dewey2.html>. Acesso em: 8 maio 2006.

VALDEMARIN, V. T. O discurso pedagógico como forma de transmissão do conhecimento. **Cadernos Cedes**, Campinas, v. 19, n. 44, p. 73-84, 1998. Disponível em: <http://www.scielo.br/scielo.php?script=sci_arttext&pid=S0101-326219980 00100007&lng=pt&nrm=iso&tlng=pt>. Acesso em: 20 dez. 2007.

VEIGA, I.P.A. **Didática**: o ensino e suas relações. 9. ed. Campinas: Papirus, 2005.

VEIGA, I. P. A. As dimensões do processo didático na ação docente. In: ENCONTRO NACIONAL DE DIDÁTICA E PRÁTICA DE ENSINO, 12., 2004, Curitiba. **Anais**... Curitiba: PUCPR, 2004.

_____. Ensinar: uma atividade complexa e laboriosa. In:_____. (Org.). **Lições de didática**. Campinas: Papirus, 2006. p. 13-33.

VYGOTSKI, L. S. **Pensamento e linguagem**. Lisboa: Edições Antídoto, 1979.

VYGOTSKI, L. S. **Obras escogidas**. Madri: Centro de Publicaciones del MEC/ Visor Distribuciones, 1993. tomo II.

ZACHARIAS, V. L. C. **Herbart**. Disponível em: <http://www.centrorefeducacional.com.br/herbart.html>. Acesso em: 1º dez. 2007.

WACHOWICZ, L. A. **O método dialético na didática**. Campinas: Papirus, 1990.

Gabarito

Capítulo primeiro

Atividades de autoavaliação

1) c

2) V, V, V, F

3) b

4) V, F, V, V

5) c

Atividades de aprendizagem

Questões para reflexão

1) O aluno deverá ser capaz de identificar as diversas posturas didáticas dos personagens e os problemas enfrentados diante da realidade educacional e social da época retratada.

2) O aluno deverá discutir os principais tópicos do capítulo: histórico e tendências articulando a ação pedagógica atual de cada um.

Capítulo segundo

Atividades de autoavaliação

1) b

2) c

3) d

4) c

5) b

Atividades de aprendizagem

Questões para reflexão

1) Nessa atividade o objetivo é que o aluno seja capaz de perceber a intencionalidade de cada ação didática, dentro do contexto social mais amplo.

2) Ao produzir um texto reflexivo relatando a sua percepção a respeito das mudanças didáticas ocorridas em sua vida acadêmica, desde o ensino fundamental, pretende-se que o aluno perceba como a sua formação acadêmica foi sofrendo modificações a cada etapa.

Capítulo terceiro

Atividades de autoavaliação

1) b

2) F, V, F, V

3) b

4) F, V, V, F

5) d

Atividades de aprendizagem

Questões para reflexão

1) O aluno deverá apresentar uma pesquisa indicando as tendências pedagógicas que mais discutem a relação professor-aluno-conhecimento.

2) A proposta é que o aluno seja capaz de escrever um texto reflexivo demonstrando qual a sua compreensão a respeito dessas tendências.

Capítulo quarto

Atividades de autoavaliação

1) V, F, V, F

2) c

3) V, V, F, F

4) c

5) d

Atividades de aprendizagem

Questões para reflexão

1) Nesta atividade pretende-se mostrar a importância de analisarmos como a didática tem sido tratada nos cursos superiores.

2) Analisar como os professores agem conosco auxilia na visão de que professor estamos nos tornando, e isso é fundamental para o entendimento de nossas ações pedagógicas.

Sobre os autores

Alessandro de Melo é licenciado e bacharel em Ciências Sociais pela Universidade Estadual Paulista Júlio de Mesquita Filho – Unesp (1999) e mestre em Educação Escolar pela mesma universidade (2003). Atuou como coordenador de pós-graduação no Instituto de Ensino Superior do Amapá. Tem experiência na área de Educação e Bibliotecas. Atualmente, trabalha os seguintes temas: biblioteca e educação, concepções de homem nos discursos pedagógicos contemporâneos e as relações entre o discurso educacional e as mudanças no mundo do trabalho.

Doutorando do Programa de Pós-Graduação em Educação da Universidade Federal do Paraná – UFPR, na linha de pesquisa "Mudanças no mundo do trabalho e educação", é também professor do Departamento de Pedagogia da Universidade Estadual do Centro-Oeste – Unicentro.

Sandra Terezinha Urbanetz é doutora em Educação pela Universidade Federal do Paraná – UFPR, na área de Educação e Trabalho, já publicou vários artigos em eventos especializados. Em sua trajetória na área da educação, destaca-se sua atuação como professora de cursos de pós-graduação e de formação de professores, além de seu trabalho como pedagoga na Rede Municipal de Ensino de Curitiba.

Os papéis utilizados neste livro, certificados por
instituições ambientais competentes, são recicláveis,
provenientes de fontes renováveis e, portanto, um meio
responsável e natural de informação e conhecimento.

FSC
www.fsc.org
MISTO
Papel produzido
a partir de
fontes responsáveis
FSC® C103535

Impressão: Reproset
Dezembro/2016